高卢战纪·法国传
世界杯豪门王朝系列
FRANCE NATIONAL FOOTBALL TEAM

冯逸明 主编

北京时代华文书局

图书在版编目（CIP）数据

高卢战纪：法国传 / 冯逸明主编． -- 北京：北京时代华文书局，2018.7
ISBN 978-7-5699-2469-5

Ⅰ．①高… Ⅱ．①冯… Ⅲ．①足球运动－概况－法国 Ⅳ．①G843.956.5

中国版本图书馆CIP数据核字（2018）第124380号

高卢战纪：法国传
GAOLU ZHANJI FAGUO ZHUAN

主　　编｜冯逸明

出 版 人｜王训海
选题策划｜赵　雷
责任编辑｜邢　楠
特约编辑｜陆兆远
装帧设计｜牛　涛
责任印制｜刘　银　姚　春

出版发行｜北京时代华文书局 http://www.bjsdsj.com.cn
　　　　　北京市东城区安定门外大街136号皇城国际大厦A座8楼
　　　　　邮编：100011　电话：010-64267955　64267677　57735442
印　　刷｜小森印刷（北京）有限公司　010-80215073
　　　　　（如发现印装质量问题，请与印刷厂联系调换）

开　　本｜710mm×1000mm　1/16　印　张｜14　字　数｜239千字
版　　次｜2018年7月第1版　　　印　　次｜2018年7月第1次印刷
书　　号｜ISBN 978-7-5699-2469-5
定　　价｜49.80元

版权所有，侵权必究

目录
FRANCE NATIONAL FOOTBALL TEAM

志凌云 1
法兰西球场 2
一届世界杯冠军 5
两届欧洲杯冠军/两届联合会杯冠军 9
黄金一代 11
巨星印象 14
　法兰西皇帝 / 齐祖 / 岩石 / 统帅
　枪刺 / 兽腰 / 刀疤侠 / 教父
2018 世界杯法国全家福 28
　"高卢雄鸡"将在俄罗斯引吭 30

法国正传

第一章
洪荒年代 35
1. 在挫折中成长　　2. 世界杯初体验
3. 自卑的陪跑者

第二章
雄鸡初鸣 45
1. 香槟足球　　2. 绝代双子星
3. 黎明前的黑夜

第三章
光辉岁月 53
1. 塞维利亚之夜　　2. 一个人的欧洲杯
3. 再见,"铁三角"　　4. 黑色半分钟

第四章
黄金一代 69
1. 弃用"国王"　　2. 齐达内封王
3. 金球制胜　　4. 重演滑铁卢
5. 黑马垫脚石　　6. 不完美谢幕

第五章
星际迷航 97
1. "上帝之手"　　2. 南非闹剧

3. 噩梦重演

第六章
重塑星团 109
1. 拨乱反正　　2. 壮志未酬
3. 剑指俄罗斯

法国列传
法国历史三十大巨星 121
1. 洛朗　　　　　2. 方丹
3. 科帕　　　　　4. 特雷索尔
5. 吉雷瑟　　　　6. 罗歇托
7. 普拉蒂尼　　　8. 蒂加纳
9. 费尔南德斯　　10. 阿莫罗斯
11. 坎通纳　　　　12. 德约卡夫
13. 德塞利　　　　14. 帕潘
15. 德尚　　　　　16. 巴特斯
17. 佩蒂特　　　　18. 利扎拉祖
19. 图拉姆　　　　20. 布兰科
21. 马克莱莱　　　22. 齐达内
23. 亨利　　　　　24. 维埃拉
25. 特雷泽盖　　　26. 阿内尔卡
27. 皮雷　　　　　28. 加拉
29. 里贝里　　　　30. 本泽马

法国别传
世界杯十大瞬间 191
法国世界杯阵容 203
历史荣耀&数据 213
1. 荣誉陈列室
2. 法国国家队榜单
3. 法国国家队历史纪录

奇峰连绵
法兰西足球中总不乏大师的身影

从颐指气使的"太阳王"路易十四、到跃马横枪的拿破仑大帝，法兰西曾数度征服欧罗巴。从浪漫、辉煌、优雅、华丽到精悍、默契、机动、灵活，法国足球杂糅了王朝民族的传统特性。他们士气高昂而又壮志凌云，是因为在他们的足球发展历程中总不乏大师的身影……

纵观法国队足球历史，是由科帕、普拉蒂尼和齐达内三位奇峰突起的大师领衔的"高卢军团"征伐史。由他们代表着不同时代的三位巨星塑造了法国足球的三座丰碑，穿插其间的低谷与纷争则从另一个层面勾勒出了法国足球的全貌。

先后缔造了世界杯赛、欧洲杯赛和欧洲冠军杯赛，并创办了国际足联和欧洲金球奖，堪称现代足球"架构师"的法国人，在绿茵场上的辉煌却姗姗来迟，直到1998年才夺得世界杯冠军，法国队成为登顶世界足坛顶峰最晚的传统豪强（除了荷兰队）。方丹在"瑞典之夏"创造的世界杯单届个人进球纪录；有"足球拿破仑"之称的科帕是率领法国队出征的巨人；普拉蒂尼让"法兰西军团"名满江湖，登顶欧罗巴；蒂加纳、吉雷瑟同样不容小觑；而齐达内的出现，让法国队成为顶级的豪强。

法兰西球场

法兰西大球场堪称法国足球的圣殿,这里见证过"高卢军团"的荣耀与登顶。
坐落在巴黎郊区的圣丹尼,1998年世界杯揭幕战和闭幕战都在这座球场举办。法兰西体育场可容纳81338名观众。球场落成后,一直作为法国国家足球队的主场,还举办过2016年的欧锦赛,同时每年的法国杯和法国联赛杯的决赛都在这里举办。

1

一届世界杯冠军

法国队历史上只赢得1次世界杯冠军,但颇为传奇。
在1998年,凭借东道主之力,在不被看好的情况下法国队决赛以3比0痛宰卫冕冠军巴西队,法国队在那届杯赛的总战绩为7战,6胜,1平,0负,以进15球失2球的优异战绩笑傲群雄。
算上2018年世界杯,法国队共15次参加世界杯赛,历史总战绩为59场,28胜,12平,19负,进106球,失71球。

1998年世界杯决赛法国队首发阵容名单
门将：巴特斯
后卫：图拉姆 / 勒勃夫 / 德塞利 / 利扎拉祖
中场：德尚 / 佩蒂特 / 齐达内 / 德约卡夫 / 卡伦布
前锋：吉瓦尔什

1998年，法国队凭借东道主优势，首次打进世界杯决赛。之前他们取得的最好成绩还是1986年的墨西哥世界杯赛上，当时他们获得了季军。在接下来的两届世界杯赛上，法国队两度缺席。1998年，沉浮了长达12年之久的"高卢雄鸡"终于仰天长鸣，决赛上依靠齐达内的两记头球，在上半场就取得2比0领先，最终以3比0击败巴西队获得首个世界杯冠军。

相比世界杯赛,法国队在欧锦赛上的成绩要明显更好一些,"高卢雄鸡"曾8次晋级8强;6次晋级4强;3次打进决赛(1984年、2000年和2016年),尤其是2000年欧锦赛上,法国队在加时赛中凭借特雷泽盖的制胜金球,以2比1击败意大利队,成为欧洲首支以世界冠军身份获得欧锦赛冠军的球队。

两届欧洲杯冠军

法国队是联合会杯历史上首支卫冕成功的球队,他们在2001年和2003年连续两届获得冠军。其中在2003年,亨利在决赛进球后手指天空,这是为纪念喀麦隆中场球员维维安·福不久前在比赛中猝死。赛后的夺冠仪式上,法国球员与喀麦隆球员共同举起冠军奖杯。

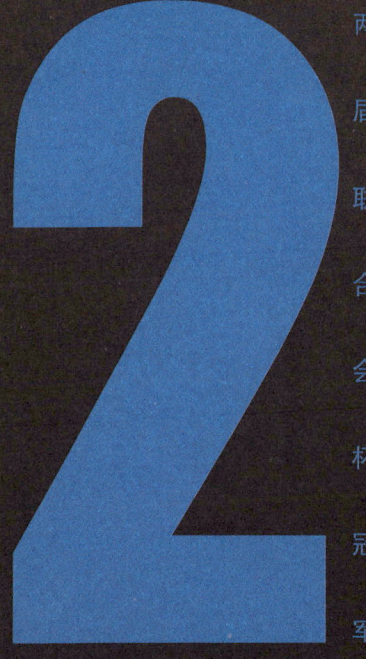

两届联合会杯冠军

法国队在 2001 年获得联合会杯冠军后,他们在 4 年时间里 3 夺世界大赛冠军（1998 年世界杯、2000 年欧锦赛和 2001 年联合会杯冠军）。意大利著名的《米兰体育报》在 1998 年和 2000 年两次评选法国国家队为"年度世界最佳团队"。那时期法国队以齐达内、亨利、维埃拉、图拉姆和巴特斯等代表的球员被称为法国足球的"黄金一代"。

黄金一代

世界足坛有若干个"黄金一代",而法国队的最负盛名,这不仅是因为他们取得的荣耀显赫,更重要的是他们各个身怀绝技,而又有珠联璧合的默契感。1998 年的法国世界杯他们联袂崛起,给世界足坛一个大大的惊叹！他们让巴西足球和罗纳尔多走下神台,齐达内、德尚、图拉姆、德约卡夫,看似平民的法兰西军团,一跃成为世界冠军！随后 2000 年欧洲杯,法国队再次夺得冠军,从此,"98 黄金一代"的威名,威震天下。

齐达内——3届世界足球先生,世界杯率队两次打败巴西队,劳伦斯终身成就奖的获得者。他是法国"98一代"的代表人物和中场核心。

如果说1998年世界杯法国队的战术核心是齐达内,那精神领袖无疑是德尚。作为球队队长,德尚堪称是全能战士,代表国家队上阵超过100场。

德塞利和图拉姆,都入选了1998年世界杯的最佳阵容,二人堪称后防线的定海神针。小个子左后卫利扎拉祖,游弋穿插,撑起法国队左路的攻防重任。

布兰科亲吻巴特斯光头的一幕永载史册,两人用男人间的感情映刻了法国足球荣耀的另一侧面。

巴特斯的光头成为经典,佩蒂特的金色长发同样让人难以忘记……

还有一批人,他们并不是主力,却在1998世界杯的洗礼后一飞冲天。作为法国足球历史上进球最多的球员,亨利在1998年世界杯时只有21岁,他与好友特雷泽盖在经过世界杯的辉煌后,一举成为日后法国队锋线的绝对主力,特雷泽盖还在2000年欧洲杯决赛中,用一记金球绝杀意大利队最终捧杯。

巨星印象
FRANCE NATIONAL FOOTBALL TEAM

法兰西皇帝

与生俱来的法兰西气质,普拉蒂尼是绿茵场上不折不扣的艺术大师,每一脚触球都令观者陶醉,令对手胆寒。颇似当年拿破仑出征一样,普拉蒂尼率领"高卢军团"让欧洲颤抖,让世界震撼。

P L A T I N I

代表法国队出场
72

代表法国队进球
41

齐祖

绿茵场上真正的舞者,在齐达内脚下也可以变得无比优雅与魔幻。他一拉、一扣、一踩、一带,即便是最简单的动作,是关于『大师情结』的最完美诠释,是法国最伟大球员,没有之一。

Z I D A N E

代表法国队出场
108

代表法国队进球
31

射门机器

在足球发展的早期,方丹的横空出世如圣烛高炬,照耀了法兰西在世界杯的启示航程。他在单届世界杯上独中13球,创造了空前绝后的进球神作。方丹如一个历史坐标,拓宽法兰西闪耀世界足坛的维度。职业生涯450场比赛打入400球,方丹用双脚诠释了"射门机器"的真谛。

F O N T A I N E

代表法国队出场
21

代表法国队进球
30

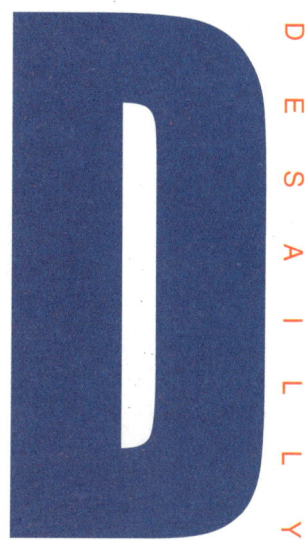

代表法国队出场

116

代表法国队进球

3

岩石

绰号"岩石"的德塞利是世界足坛"黑又硬"的杰出代表,是防线上一道不可逾越的屏障。一夫当关,万夫莫开。他与布兰科的黄金中卫组合是法国队连夺世界杯冠军和欧洲杯冠军的基石。

代表法国队出场
103

代表法国队进球
4

统帅

德尚是法国足球史上最伟大的队长,也是出色的主教练,雅凯眼中不可或缺的"统帅"和"领头羊"。如果说齐达内是世纪之交那支无敌战舰的大脑和核心,那么德尚就是"高卢军团"的灵魂和舵手,为蓝军保驾护航。

枪刺

代表法国队出场
123

代表法国队进球
51

H E N R Y

世纪之交光照穹宇的一代巨星,既能千里走单骑谱一曲英雄史诗,也能辅佐他人甘当绿叶。"十步杀一人,千里不留行。"为国征战123场、打进51球,他是"兵工厂"阿森纳队最锋利的寒枪,他是"高卢雄鸡"法国队最凛冽的锋刺。

V
VIEIRA

代表法国队出场
107
代表法国队进球
6

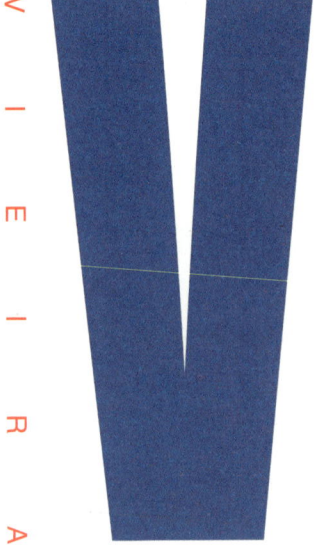

兽腰

顶级『兽腰』的代言人,『高卢军团』后腰巨星井喷的璀璨年代的杰出代表,一个集创造力和力量于一身的完美中场。他与齐达内一个刚猛,一个优雅,正是有了维埃拉这样的『保镖』,齐祖才能在前场闲庭信步。

R
I B É R Y

代表法国队出场
81

代表法国队进球
16

刀疤侠

即便是在「梅罗」十余年交相辉映的光芒里,「刀疤战士」也曾让「绝代双骄」甘拜下风,捧起欧洲最佳球员奖杯。他的每一次边路突袭就像一把锋利的尖刀,肆意游走、肆意撕扯着对手的防线。

教父

法国足球教父级人物,力排众议,敢为天下先,放弃桀骜不驯的坎通纳,扶正齐达内,成就了法国足球的皇图霸业。雄鸡一唱天下白,他却激流勇退,只留给世界一个背影。

执教法国队场次
53
获胜场次
34

JACQUET

2018 世界杯法国全家福

前排左起：费基尔（18号／前锋）、瓦拉内（4号／后卫）、格里兹曼（7号／前锋）、德尚（主教练）、马图伊迪（14号／中场）、姆巴佩（10号／前锋）、坎特（13号／中场）

中排左起：托利索（12号／中场）、登贝莱（11号／前锋）、博格巴（6号／中场）、杜邦（体能教练）、斯蒂芬（助理教练）、维奥特（门将教练）、吉鲁（9号／前锋）、托万（20号／中场）、勒马尔（8号／中场）

后排左起：帕瓦德（2号/后卫）、门迪（22号/后卫）、乌姆蒂蒂（5号/后卫）、拉米（17号/后卫）、曼丹达（16号/门将）、洛里斯（1号/门将）、阿雷奥拉（23号/门将）、恩佐济（15号/中场）、金彭贝（3号/后卫）、西迪贝（19号/后卫）、赫尔南德斯（21号/后卫）

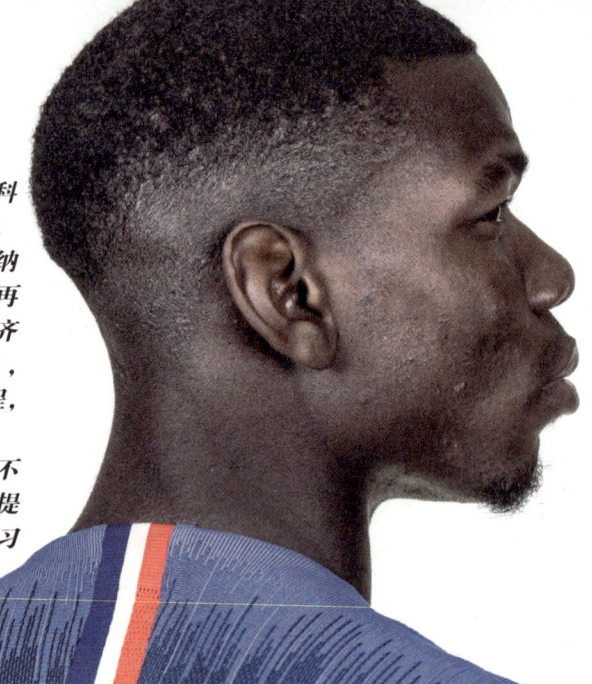

从20世纪50年代方丹、科帕和皮安托尼的"三叉戟",到80年代普拉蒂尼、蒂加纳和吉雷瑟的"铁三角",再到90年代末21世纪初以齐达内为首的"98黄金一代",法国足球走过了漫长的征程,才抵达了夙愿的顶点。

法国队虽然球星众多,但不流行个人英雄主义,他们提倡短传渗透,注重防守,习惯边路传中与中间突围并重的攻击方式。

POGBA "高卢雄鸡"将在俄罗斯引吭

如今法国队中"妖人"遍布,后卫线上除了32岁的拉米之外,其余都不超过25岁,这支缺乏经验、年轻的后防线也将会受到严峻的考验。法国的中场历来不缺少"兽腰",从马克莱莱到维埃拉,如今又有了坎特这个更加全面的后腰。除了坎特,中场还有马图伊迪和托利索这样的悍将。

当然这样强大的中场前面缺少的是富有灵气的前腰,谁来梳理、串联中前场的进攻?博格巴将是最大的"疑问"。是让博格巴协助防守?还是解放他,来更多的前插?将是德尚最需要解决的问题,当然格里兹曼的位置回撤也是一种选择。锋线上,19岁的姆巴佩和21岁的登贝莱年轻而富有朝气,两人的速度和冲击力可以说是32支队伍中最强的,尤其是姆巴佩,身背10号球衣,很显然寄予了法国人的希望,同时他也是世界杯最佳新秀的有力争夺者。格里兹曼和吉鲁无疑是锋线上的中坚力量,尤其是进行到淘汰赛阶段,他们的经验能更好地帮助到球队。格里兹曼是欧锦赛金靴奖获得者,无疑也是世界杯金靴奖的有力争夺者。法国队小组赛对手实力都偏弱,可以第一名出线。1/8决赛很可能遇上克罗地亚队或阿根廷队,但两队在阵容厚度上明显不足。1/4决赛,可能碰上东道主俄罗斯队,不过也很难与法国队相抗衡。后期的半决赛和决赛阶段,与其说对阵谁,不如说法国队保持好状态和阵容的完整性更重要。

高冷、自负的民族特性，在一定程度上影响了法国足球领军人物的性格，普拉蒂尼、坎通纳、齐达内、里贝里，无不是与众不同、孤标傲世的性情中人，而逢大赛必内讧，似乎已成为法国足球的一种"习惯"。
如今，即将出征俄罗斯世界杯的法国队，虽然星光璀璨，但领袖乏力；他们附庸风雅，却极难定义。携2016年本土欧洲杯亚军和预选赛高歌猛进的强势，他们会在东欧大陆上让各路豪强不敢小视，然重夺金杯，尚需运气。

2018年6月5日，在出征俄罗斯世界杯前，法国总统马克龙亲自来到国家队训练基地，为球员和教练们加油打气，并合影留念。

世界杯豪门王朝系列

高卢战纪

法国正传

FRANCE NATIONAL
FOOTBALL TEAM

1 9 0 4　　2 0 1 8

■文/张学民

在现代足球萌芽阶段,生性浪漫的法国人对足球远不如英国人或意大利人那么狂热与执着。那时法国人对橄榄球更加情有独钟,水平甚至可以与英国、德国媲美。而在足球场上,"高卢雄鸡"却始终抬不起头来:3年12连败,奥运会被丹麦队17比1血洗,被死对头英格兰队狂灌15球。你很难将这一连串难以启齿的数字与现在集世界杯、欧洲杯等荣誉于一身的法国队联系到一起。

不过,也是在那个萌芽阶段,法国人就显示了非凡的组织才能。罗伯特·盖林先生牵头成立国际足联,儒勒斯·雷米特先生创办世界杯,亨利·德劳内创办欧洲杯,布里埃尔·亚诺先生提出创立欧洲俱乐部杯赛的构想。

时至今日,这"三大杯"竞技已成为全世界影响力最大的足球赛事,牵动着无数人的神经。若你是一个狂热的足球迷,真的应该对法国人说一声:谢谢!

第一章
洪荒年代
1904—1950

在挫折中成长

1863年，现代足球运动在英国诞生，揭开了足球发展的又一历史篇章。较之英国，法国足球的产生晚了差不多十年时间。由于地理因素，足球运动最先传入到英吉利海峡的法国港口城市勒阿弗尔，当地人在1872年成立了法国最古老的职业足球俱乐部——勒阿弗尔足球俱乐部。

1892年，在比利牛斯山脉的一侧，巴黎的各俱乐部首次聚在一起进行比赛，此时的各俱乐部球员大多是英国人。法国人的国际竞技队被英国人的白色流浪队踢了个0比10，显然，与"足球鼻祖"英格兰足球相比，此时的法国足球还非常稚嫩。

1900年夏天的巴黎奥运会，足球作为表演项目首次加入奥运会大家庭。当时只有3支球队参加，代表英国出战的厄普顿公园队4比0大胜法国运动员协会联盟队成功夺冠，比利时代表队位列第3名。1904年5月1日，法国国家足球队诞生，那一天，在布鲁塞尔郊区的维维尔体育场，法国队3比3战平比利时队，这是法国队第一场正式比赛，路易斯·梅斯尼尔打进了历史第一球。

20天后，在巴黎圣·奥诺雷大街229号，来自法国、比利时、丹麦、荷兰、瑞典、瑞士、西班牙等七国的足协代表集会。在法国体育运动协会联盟驻地的后楼，代表们纷纷签字同意创建国际足联。而根据法语发音缩写而成的"FIFA"成为国际足联此后一个多世纪的标志。法国人罗伯特·盖林被推选为第一任主席。此后，在盖林的领导下，国际足球联合会做了大量艰苦的创建工作，建立工作机构、吸收会员、扩大足联的影响、帮助一些国家创建足球协会。

在足球运动的启蒙阶段，法国队难以称得上是一支强队。1905年，在巴黎王子公园球场500名观众的见证下，法国队在建队一年后才获得队史上第一场胜利，对手是近邻瑞士队，比分是1比0。两年后，法国队在比利时队身上拿到了第一个客场胜利。1908年，法国队开始穿上蓝色球衣，在那一年的奥运会上却被丹麦队以17比1血洗，创下队史最惨输球纪录。1910年，"雄鸡"标志开始出现在法国队的球衣上，"高卢雄鸡"从此成为这支球队响亮的别称。

第一章/洪荒年代　　　　　　　　　　　　　FRANCE NATIONAL FOOTBALL TEAM

不过，"雄鸡"也没有给法国国家队带来好运，从1908年3月23日到1911年3月23日3年时间里，法国国家队遭遇12场连败，这样的表现让我们很难与今天拥有所有荣誉的"高卢军团"联系到一起。

再来看看法国队与现代足球鼻祖英格兰队的较量，1906年11月1日，英国女王派遣英格兰队做客巴黎，双方第一次在足球场上交锋，结果法国队以0比15惨败，这也是两队交战史上的最大分差。随后15年间，法国队6战6败，直到1921年5月5日，法国队以2比1击败对手，获得了对阵英格兰队的首次胜利。当时足球尚处在"业余"阶段，法国队与英格兰队8次交锋，"高卢雄鸡"丢了61球，仅仅攻入4球，8场比赛中，英格兰队在前4场均攻入10球之多。

1923年5月10日，再一次到巴黎做客的英格兰人不再用"英格兰业余队"的名称，英足总（英格兰足球协会）的介入让这场比赛变成"官方赛事"，无论是英足总还是法国足协，都将这一场比赛当作是双方国家队（英格兰代表队）的第一次正式交锋，英格兰队以4比1大胜凯旋。随后，英格兰人5战5胜，直到1931年5月14日，法国队以5比2战胜英格兰队，连战连败的尴尬才暂告一段落。

不过，输球没有让法国人失去对足球的热情。在"一战"前的14场比赛里，法国队取得了7胜2平5负的成绩，"高卢军团"摆脱了"鱼腩之师"的帽子。1917年1月15日，法国杯正式创立。这是为了纪念在"一战"中阵亡的法国足球先驱查尔斯·西蒙而以他的名字命名。所有隶属于法国足协的球队都能参加法国杯，每年都会有将近7000支俱乐部参加比赛。

1924年正值现代奥林匹克运动创办30周年，为了致敬即将卸任的国际奥委会主席法国人顾拜旦，国际奥委会指定巴黎承办这一年的盛会。这届奥运会也是一次足球盛会，南美洲乌拉圭队的到来使这项比赛日益国际化。乌拉圭队不愧为美洲杯冠军，他们第一场比赛就以7比0大胜南斯拉夫队，随后又3球完胜美国队，复赛中5比1淘汰东道主法国队，并在决赛中3比0轻取瑞士队夺得金牌。

正是受到这届奥运会足球赛的启发，时任国际足联主席的法国人儒勒斯·雷米特先生萌生了创办一种纯粹的足球比赛的设想，为了实现这一梦想他开始四处奔波。

37

PS：儒勒斯·雷米特 (Jules Rimet)

国际足联创立之初，远没有如今的规模，只有 7 个成员国 (法国、比利时、丹麦、荷兰、西班牙、瑞典、瑞士)，而且只局限于欧洲。让国际足联真正成为规模最大的单项运动机构，儒勒斯·雷米特居功至伟，这个法国人开创了国际足联伟大的"雷米特时代"。

1921 年 3 月 1 日，48 岁的雷米特当选国际足联第三任主席，上任时国际足联只有 21 个成员国，到他退休时，国际足联已经发展到了 85 个成员国。

雷米特在任期内做了两件开创时代的大事。其一，雷米特凭借出众的外交能力，壮大了国际足联的规模，1954 年他卸任时，FIFA 的成员协会已从 20 个国家发展到 85 个国家。其二，雷米特创立了世界杯大赛，1930 年 7 月 13 日，首届世界杯赛在乌拉圭揭幕，世界足球发展进入了新的阶段。雷米特也因此得到了"世界杯之父"的称号，最初的世界杯奖杯也以他的名字命名。

1956 年 10 月 16 日，雷米特在巴黎去世，享年 83 岁。2004 年国际足联百年庆典，雷米特被赐予"FIFA 百年世界杯奖"，以表彰雷米特的伟大贡献，纪念他的传奇人生。

雷米特杯，原名胜利杯，后来为了纪念这位世界杯足球赛始创者、前国际足联主席儒勒斯·雷米特，更名为雷米特杯。它是用纯银制作，外表镀金，底座是青金石，高 35 厘米、重 3.8 公斤，造型为希腊神话中胜利女神——长翅膀的尼凯，由法国雕刻家阿贝尔·拉夫勒设计完成。

巴西队分别在 1958、1962 和 1970 年 3 次夺得世界杯冠军，从而永久保留了"雷米特金杯"。雷米特金杯于 1983 年在巴西被盗贼偷走后疑被熔化。后来，巴西足协制作了一个复制品以作补偿。

世界杯初体验

雷米特出生于法国东部的一个小镇,大学毕业之后,雷米特和几位好友在巴黎郊区组建了"红星"体育俱乐部。正是在俱乐部中,雷米特注意到足球运动在欧洲的传播,并组织了不少场次的足球比赛。这段经历使得雷米特在接手国际足联主席一职后,产生了推广世界足球赛的念头。

1928年,在荷兰鹿特丹举行的国际足联大会上,与会代表通过了每4年举办一次世界杯比赛的倡议。第二年,在巴塞罗那会议上,第一次明确规定将于1930年举办第一届世界杯赛。当时共有意大利、瑞典、荷兰、西班牙、匈牙利、乌拉圭6个国家申请举办,最终乌拉圭获得了主办权,另外几个欧洲国家也就此对世界杯失去了兴趣,明确表示不参赛。

乌拉圭队是1924和1928年奥运会足球比赛的冠军,他们答应为世界杯专门修建一个足球场之外,最重要的是,乌拉圭承诺支付所有参赛队员的旅费和食宿费,每人每天约75美元,外加50美分的零用钱,在当时的条件下,这具有很大的吸引力。

首届世界杯没有预选赛,所有的球队都是被邀请参赛的。当时,国际足联向其所属成员协会下发的调查问卷问题只有一个:是否接受世界杯参赛邀请?在截止日期之前,接受参赛邀请的除了埃队之外,全都是美洲球队。

当时,从欧洲大陆前往南美洲的唯一交通方式是轮船。尽管乌拉圭足协愿意支付所有参赛球队的旅费和食宿费,但是这依然没能打动欧洲球队。最终,在雷米特先生的努力之下,法国、罗马尼亚、比利时和南斯拉夫4支欧洲球队最终组成了前往乌拉圭的"探险联合军"。

1930年6月21日,法国队乘坐维尔代伯爵号轮船出发,同行的还有国际足联主席雷米特和三位欧洲裁判。值得一提的是,在雷米特先生的行李箱里,就装着当届比赛的奖杯——雷米特杯。

7月4日,维尔代伯爵号终于来到了世界杯的比赛地——蒙得维的亚。这时候距离他们出发已经过去两周了。打进世界杯第一球的吕西安·洛朗这样回忆:"在船上教练没办法演练战术,我们每天在甲板上只能做一些简单的体能训练,比如跑步上下楼梯、肌肉拉伸、跳跃运动和举重。"

"船上有一个游泳池,我们一直使用到天气转凉。在这里,还能欣赏到喜剧片和弦乐四重奏。这里就像是一个度假的营地,我们真不知道为什么要去遥远的乌拉圭。在若干年之后,我们才意识到这其中的意义,我们这群年轻人是在冒险。在海上航行的这两个礼拜里,每天都很开心。"

1930年7月13日,第一届世界杯的揭幕战在乌拉圭首都蒙得维的亚的第二大体育场展开,对阵球队是法国队和墨西哥队。这座能容纳7万人的体育场座无虚席,乌拉圭人带着节日一般的心情观看这一具有深远意义的比赛。

比赛进行到第19分钟,法国队中场球员吕西安·洛朗接队友一记妙传,带球冲到对方球门20米处拔脚怒射,皮球应声入网。这粒进球瞬间点燃了全场观众,洛朗打进了具有历史性纪念意义的世界杯第一球。当意大利主裁判伦蒂尼吹响终场哨时,比分定格为4比1,法国人取得开门红。

两天后,"高卢雄鸡"遭遇"潘帕斯雄鹰"。有着"中场扫荡者"之称的阿根廷人蒙蒂成为本场比赛的焦点人物。他在开场不久的粗鲁动作导致法国队主力左前卫洛朗脚踝受伤,不得不提前离场。而在终场前9分钟,他又利用任意球配合打破场上的僵局。这还没完,仅仅过了3分钟,首战大胜墨西哥队时,斩获进球的中场大将马斯奇诺特受伤离场,又是蒙蒂凶狠的铲抢造成的。

比分落后的法国队向阿根廷队腹地发起了一浪又一浪的进攻高潮,他们本来有机会扳平比分,但是巴西籍主裁阿尔梅达·瑞戈却愚蠢地阻拦了"高卢雄鸡"的步伐——在法国前锋马塞尔·兰吉勒进球前一刻,瑞戈却突然吹哨宣布比赛结束,此时实际上距离真正的比赛结束还有6分钟的时间。

在法国队球员的抗议压力之下,瑞戈所在的裁判团队无奈重返赛场,比赛才得以恢复进行。然而受到这么一出闹剧影响的法国队士气大落,最终0比1不敌阿根廷队,遗憾落败。第3场小组赛,法国队以0比1不敌智利队,最终3战1胜2负未能从小组突围,最终排名第7。

首届世界杯的奖杯被东道主乌拉圭队夺得,法国人带着打进世界杯第一球的喜悦回到了祖国。由于首届世界杯的成功举行,人们开始期待第二届足球盛会的到来。

自卑的陪跑者

1934年的欧洲笼罩在法西斯的阴影下，墨索里尼在意大利的独裁统治已经持续了近十年。这一年的意大利世界杯，也被当成了向世界鼓吹法西斯主义的工具，足球不再纯粹。

由于报名参赛队增多，世界杯开始有了预选赛和决赛阶段的划分。决赛阶段全部采用淘汰制，一开始就捉对厮杀，输一场就出局。美洲的巴西队、阿根廷队和美国队长途跋涉了近13000公里来到意大利，结果只打了一场淘汰赛就卷铺盖回家，导致怨声一片。

本届杯赛还规定：如果两队在90分钟内未分出胜负，需要加时30分钟，若仍是平局，则需要重赛。人们本来以为法国队与奥地利队是一场一边倒的比赛，没想到两支球队却踢出了开赛以来最精彩、最激烈的一场比赛。90分钟双方战成1比1平，只好进行加时赛。加时战中，奥地利队进两球，而法国队只进一球，最终法国队以2比3告负，直接告别1934年世界杯。

虽然接连在1930年和1934年两届世界杯上铩羽而归，但雷米特先生依然希望祖国能在世界杯上取得出色的成绩。因此，他帮助法国获得1938年世界杯的承办权。这一举动引起了另一个申办国阿根廷的强烈不满，他们认为欧洲不应该连续举办两届世界杯赛，最后阿根廷拒绝参赛。

1938年在法国土地上举办的这届世界杯是一届充满火药味的世界杯，是第二次世界大战之前，世界足球最后一次聚会，第二年战争便爆发了。当国际足联决定第三届世界杯在法国举行时，日益吃紧的欧洲局势处处充满敌意。不过，还是有35支球队报名参加。

35支球队按地区分成11个小组进行预选赛，最终选出14支队伍，再加上东道主法国队和卫冕冠军意大利队，16支球队进入了决赛圈。但由于阿根廷队临时退出比赛，实际上只有15支球队参加本届世界杯。

本届世界杯做出了一项新的规定，前一届的冠军队和主办国球队可以直接进入决赛圈，其中主办国球队直接进入决赛圈这项制度从此沿用至今，这样第二届世界杯冠军意大利队和主办国法国队便直接进入 16 强。

第一阶段小组赛,法国队的对手是比利时队。依靠巴黎竞技队前锋韦南特开场第 1 分钟的闪击以及鲁昂传奇射手尼古拉斯的"梅开二度",法国队 3 比 1 击败比利时队,"高卢雄鸡"第一次打进复赛。

1/4 决赛在位于巴黎附近哥伦布的伊芙庄园体育场举行,共有 58455 名球迷蜂拥而入。面对上届冠军意大利队筑起的钢筋防线,法国队前锋一次次无功而返,最终以 1 比 3 败下阵来。当时意大利队的核心球员是朱塞佩·梅阿查,他在场上的组织、跑位与攻击能力,令每一个对手从心底里感到恐惧。当时的意大利队主帅波佐曾说:"有梅阿查在队中,我们每场比赛都是以 1 比 0 的感觉开始踢球的。"

最终的决赛,意大利队以 4 比 2 战胜匈牙利队,当法国人雷米特先生向意大利人颁发冠军奖杯时,这位世界杯创始人略显失望:"这是第一次举办国没有获得冠军,意大利成为第一个蝉联世界杯冠军的国家。"

仅仅一年后,"二战"爆发,整个世界都陷入战火中,数千万人成为战争的牺牲品。令人欣慰的是,即便是在沦陷时期,法国足球的发展也没有完全停止。"二战"期间,法国队踢了 3 场热身赛,对手分别是葡萄牙队、瑞士队和西班牙队。世界杯因此被迫停赛 12 年之久,直到 1947 年的卢森堡国际足联大会,国际足联才决定将第 4 届世界杯于 1950 年在巴西举行。

连年的战争让欧洲国家千疮百孔,百废待兴,足球也不例外。1949 年底,法国队在预选赛中以 2 比 3 输给了南斯拉夫队,失去了参加 1950 年巴西世界杯的机会。不过,第二年 5 月,也就是世界杯开赛前一个月,由于苏格兰队和土耳其队弃权,国际足联赶忙邀请法国队补缺,法国足协以赛程安排不合理为由拒绝这个机会。事实上,赛程不合理只是借口,真实的情况是,法国队在热身赛接连以 0 比 1 和 1 比 4 惨败于苏格兰队和比利时队,法国人认为即便是去了巴西也难有好的表现,第一次主动缺席世界杯,这也反映了在那个年代法国足球的不自信。

1950 年巴西世界杯,在马拉卡纳体育场 20 万人的注视下,赛前被一致看好的"桑巴军团"东道主巴西队竟然被乌拉圭队以 2 比 1 逆转,只能眼睁睁地看着邻居将奖杯带走。乌拉圭人两度参赛,两度夺冠,创造了世界杯历史早期的神话。

第二次世界大战结束后,以科帕、方丹为代表的一帮才华横溢的球员如雨后春笋般涌现,法国足球在经历了半个多世纪的发展后终于迎来了短暂的春天,跻身世界顶级强队行列。

在1958年瑞典世界杯上,缔造了大兰斯时代的巴德教练率领"高卢雄鸡"一路高歌猛进,勇夺季军。方丹打进13球,这一神迹至今无人超越。"中场发动机"雷蒙·科帕打进3球送出10次助攻,力压贝利、加林查、雅辛等多名巨星当选最佳球员,并在那年成为第一个夺得欧洲金球奖的法国人。

随着方丹和科帕的相继离开,法国足球的第一个英雄时代画上了句号。此后的4届世界杯,法国队3次无缘决赛圈。

第二章
雄鸡初鸣

1951—1975

香槟足球

20世纪50年代初,兰斯俱乐部成为法国足坛一支豪强,它的崛起离不开有着"法国足球教父"之称的阿尔贝·巴德的默默耕耘。1919年出生的巴德是兰斯本地人,"二战"结束后,他曾经先后8次代表法国国家队出场。1949年,巴德作为队长率领兰斯队夺得队史第一座联赛冠军奖杯,第二年,在主教练罗斯勒的告别演出上,他又率领兰斯队以2比0击败巴黎竞技队夺得法国杯冠军。

也是在这一年,年仅31岁的巴德结束了自己的球员生涯。

不过,与大多数球员不同,巴德的退役颇具戏剧性。在夺得法国杯当晚的庆功宴上,兰斯主席热尔曼先生在并未与当事人商量的情况下,便宣布任命年仅31岁的巴德担任兰斯队主教练。就这样,巴德的球员生涯只能宣告结束了,与此同时开启了教练生涯的辉煌篇章。

在接手了这支"香槟城"(法国最大的香槟酒产地)的球队之后,阿尔贝·巴德迅速地将自己的足球理念注入到球队之中——利用精确的短传来诠释进攻足球,并且将足球牢牢地控制在脚下,这种充满观赏性的打法与当时崇尚力量和对抗的主流风格截然不同,很多人将这种风格称作是"香槟足球"。

巴德的付出并没有立刻得到回报,兰斯队在开始的两个赛季都排在联赛第4名。1951年夏天,20岁的雷蒙·科帕从昂热队转会而来,这个波兰移民矿工的儿子正是巴德心中理想的中场指挥官,他能在运球的同时观察队友的跑位,在最合适的时候把球传给跑位最佳的队友。

1952/1953赛季,兰斯队在34场联赛中打进了86个球,以4分的优势夺取法甲冠军。那年的拉丁杯("欧冠"前身之一)决赛,22岁的科帕"梅开二度",帮助兰斯以3比0大胜意甲冠军AC米兰,成为第一支、也是唯一一支捧起该项赛事奖杯的法国球队。

得益于兰斯俱乐部的崛起,法国涌现出一大批世界顶尖的球星:这一时期"高卢雄鸡"的领军人物"绿茵拿破仑"雷蒙·科帕,"传奇中卫"罗贝尔·荣凯,"进球机器"朱斯特·方丹令后卫闻风丧胆,还有他的黄金搭档皮安托尼。

第二章/雄鸡初鸣　　　　　　　　　　　FRANCE NATIONAL FOOTBALL TEAM

当需要忍耐的寒冬到来，就代表温暖的春天就在不远处。1952年10月5日，法国队在热身赛中以3比1击败联邦德国队，在这场比赛中，还差8天满21岁的雷蒙·科帕第一次披上了法国队的战袍。谁也不会想到，这个身高只有1.68米的小个子日后会成为改变法国足球命运的"巨人"。

两年后的瑞士世界杯，81岁高龄的雷米特先生最后一次在世界杯开幕式上致辞。然而，这位世界杯创始人并没有给自己的祖国带去好运，法国人在揭幕战中以一球小负南斯拉夫队。值得一提的是，为南斯拉夫队进球的正是日后与中国足球有着千丝万缕联系的神奇教练米卢蒂诺维奇。

这届世界杯的赛制有点特别，每组设定两支种子队，小组赛中两支种子队之间不进行比赛。这样一来，首轮输球的法国队注定要被淘汰，不过，他们并非没有收获。在法国队与墨西哥队的比赛中，两球领先的"高卢军团"被对手追平，年轻的科帕在第88分钟打进了锁定胜局的进球，"绿茵拿破仑"初登世界杯舞台就显露锋芒。

从1955年开始，阿尔贝·巴德的角色就已经不仅仅是兰斯体育队的主教练了，更是法国国家队的主教练，他率领的法国队在1958年世界杯预选赛上，轻松地击败了比利时队和冰岛队，拿到了前往瑞典世界杯的门票。

47

高卢战纪 法国传

绝代双子星

在世界杯的历史上，1958年的瑞典世界杯是具有里程碑意义的一届，随着电视直播和广告元素的注入，足球以及世界杯的发展进入了一个全新的时代。经过近半个世纪的摸爬滚打，法国足球终于迎来了第一个辉煌时期。

法国队首场比赛对阵巴拉圭队，主力中锋布力亚在赛前训练时不幸手腕骨折，25岁的方丹临危受命，与科帕、皮安托尼组成攻击"三叉戟"，他们之间频频进行的"撞墙式"配合风靡整个足坛，影响了几代足球人，直到现在仍是球场上最常见的配合方式之一。一场7比3的大胜震惊世界，比赛中方丹上演"帽子戏法"，另外两人也有进球。

大胜巴拉圭队后，法国队遇到了克星南斯拉夫队，尽管方丹"梅开二度"，但南斯拉夫队还是凭借最后时刻的进球以3比2笑到最后；小组赛最后一场，法国队以2比1力克苏格兰队杀进8强，科帕和方丹各进一球。

1/4决赛的对手是"大黑马"北爱尔兰队，皮安托尼在1952年首次代表法国队出战，对手就是北爱尔兰队，当时他攻进一球。如今重对旧敌，皮安托尼轻车熟路地再次攻进一球。而他的搭档方丹更是两次洞穿对手城池，法国队以4比0大获全胜。有意思的是，原本只有法新社和《队报》两家媒体跟随法国队来到瑞典，这场胜利过后，那些此前看低法国队前景的媒体纷纷派遣记者前来报道。

在法国队和巴西队的半决赛开始前，方丹在那届世界杯4场比赛场场进球，疯狂打进8球。"桑巴军团"阵中球星闪耀，加林查、瓦瓦、迪迪，那时17岁的贝利脸上还写满了青涩。

1958年6月24日，在瑞典首都斯德哥尔摩的拉桑达体育场，现场27000名球迷有幸见证了"球王"贝利横空出世。巴西队开场两分钟就取得进球，荣凯解围失误，瓦瓦禁区内抽射破门。意外失球没有让法国队自乱阵脚，6分钟后，方丹和科帕"撞墙式"配合，科帕带球摆脱防守球员的纠缠，一脚手术刀般的直塞球撕裂了"桑巴军团"的防线。方丹从斜刺里杀出，趟过出击的门将，将球送入空门，这是巴西队开赛以来丢的第一球。

场上比分变为1比1，双方又回到了同一起跑线。不过，荣凯随后在与瓦瓦的冲撞

中受伤,不得不下场接受治疗,法国队防线连续出现漏洞,迪迪的远射再次让巴西队取得领先。荣凯下半场带伤出战,不久后无法坚持只能坐上替补席。

由于当时还没有换人规则,法国人在绝大部分时间里只能 10 打 11,17 岁的贝利开始了个人表演,从第 52 到第 75 分钟,上演自己在世界杯上的唯一一个"帽子戏法",把试图反扑的法国队彻底击垮。皮安托尼终场前连过 3 名巴西后卫将球打进,法国队最终以 2 比 5 不敌巴西队,第一次辉煌的世界杯经历停留在半决赛上。"桑巴军团"决赛中以同样的比分战胜东道主瑞典队,一扫 8 年前的阴霾,成为唯一一支在欧洲大陆获得世界杯冠军的非欧洲球队。

季军争夺战,法国队以 6 比 3 痛击联邦德国队,方丹将不能进入决赛的怒火毫无保留地发泄到对手身上,他在上下半场各入两球,将个人进球数提高到 13 粒,创下了一项后人难以打破的纪录。法国队取得了组队半个多世纪以来最好的成绩——季军。"高卢雄鸡"走出了低谷,进入历史上第一个辉煌时期。方丹荣膺最佳射手,作为"中场发动机"的科帕表现丝毫不逊色,打进 3 球送出 10 次助攻,当选世界杯最佳球员,并在年底捧起代表个人最高荣誉的金球奖,他是法国首位金球奖先生。

2017 年 3 月 3 日,85 岁的科帕走完了他传奇的一生。回忆起这位搭档,方丹动情地说:"他就像哥哥。我们住在一个房间,彻夜长谈足球。我俩组成了奇妙的二人奏。他带球,我进球。他是位盘带者,只要他不停下,他是不会传球的。而当他传球时,我总是在那里。"

黎明前的黑夜

在法国人的灵魂里，镌刻着一种名为"英雄情结"的烙印。法国历史就是英雄主宰的历史，从"太阳王"路易十四到"科西嘉佬"拿破仑，英雄的荣耀就是法国的荣耀。大思想家伏尔泰曾这样评论自己的祖国："我们的民族是那么信奉英雄，以至于国家所有的沧桑荣辱全维系于一人！"

这种英雄情结在足球方面的体现也很明显，科帕和方丹的出现，使法国足球跻身世界强队之列。遗憾的是，这段黄金岁月并没有持续太久，瑞典世界杯后，方丹遭遇两次腿骨骨折，这位天才射手不得不在 28 岁就被迫退役。

当 1960 年首届欧洲杯在法国打响时，东道主阵中缺少方丹、科帕两大核心球员，半决赛前 62 分钟，法国队都保持着 4 比 2 的优势，然而在接下来的 4 分钟内，被南斯拉夫队连进 3 球，最终以 4 比 5 败下阵来。随后的三四名争夺赛，"高卢雄鸡"两球完胜东欧劲旅捷克斯洛伐克队，获得首届欧洲杯季军。

方丹退役后，他的老搭档科帕也无法将心思全放在球场上。科帕童年时期曾跟随父母在矿井下谋生，这段经历对他成人之后的性格产生了很大影响。从俱乐部到国家队，凡是有损队员利益的地方，科帕必然挺身而出。由于连续揭露俱乐部和国家队奴役球员，法国足协不得不对他做出禁赛 3 个月的处罚。科帕毫不妥协，在最后一次公开表达了自己的失望之后，32 岁的他离开了效力十年的法国国家队。

就这样，随着方丹和科帕的相继离开，法国足球的第一个英雄时代结束了，取而代之的是漫长的黑夜。"高卢军团"在此后的二十年里默默无闻、一蹶不振。

1962 年的智利世界杯，全世界目睹了巴西人再次站上世界之巅，成为继意大利队后第二支卫冕成功的球队。而 4 年前与他们在半决赛上上演巅峰对决的法国人却在预选赛

第二章 / 雄鸡初鸣　　　　　　　　　　　FRANCE NATIONAL FOOTBALL TEAM

上被保加利亚队淘汰，这也导致功勋主帅巴德在执教 7 年后拂袖而去。

1966 年，世界杯回到了现代足球的发源地——英国。在温布利大球场，占据天时地利人和的英格兰队 4 比 2 击败联邦德国队，首次夺得世界杯冠军。而法国队的表现，用现在的话说，就是重在参与随便玩玩。

那届世界杯小组赛首战，面对实力平平的墨西哥队，法国队在领先的情况下被对手 1 比 1 逼平。次战南美劲旅乌拉圭队，法国队 1 比 2 败下阵来。小组赛第 3 场，法国队必须净胜两球才能出线，结果法国队 0 比 2 完败于东道主英格兰队，3 场比赛未尝胜绩，以小组垫底的成绩回家。

这届世界杯后，方丹曾短暂接过法国队教鞭，但这位在瑞典呼风唤雨无所不能的神射手也未能扭转"高卢雄鸡"下滑的颓势，仅仅执教两场比赛后就黯然下课，成为法国队最短命的教练。

1968 年，法国队跌到谷底，先是欧洲杯 1/4 决赛被老对手南斯拉夫队以 5 比 1 血洗，随后又在世界杯预选赛中以 0 比 1 输给由业余球员组成的挪威国家队。1970 年墨西哥和 1974 年的联邦德国两届世界杯，法国队都没有进入决赛圈，之后，甚至连 1976 年欧洲杯入场券都没有拿到。

痛定思痛，国家队的惨淡表现让当时的法国足协主席费尔南·萨斯特意识到改革势在必行，他一方面强制让职业俱乐部开办了足球培训中心，培养年轻球员。另一方面，他请来罗马尼亚人斯蒂芬·科瓦奇，让外国人担任国家队主教练，这是法国足球历史上的第一次。

科瓦奇并非等闲之辈，20 世纪 70 年代风靡一时的阿贾克斯全攻全守打法正是他的代表作。上任之后，科瓦奇带来了先进的足球理念和战术思想，让他的助手米歇尔·伊达尔戈受益良多。尽管科瓦奇治理下的法国队在热身赛上取得了不错的成绩，但在 1976 年欧洲杯预选赛上，法国队却接连输给比利时队、联邦德国队，最终无缘欧洲杯正赛。

20世纪70年代，法国足球环境随着经济发展的加速而逐渐得到改善。一批青年才俊开始在法甲崭露头角。以普拉蒂尼为代表的一代新星组成的法国队所向披靡，颇似当年拿破仑出征一样，攻无不克，结束了法国足球长达20年的漫漫长夜。

普拉蒂尼、吉雷瑟、蒂加纳组成的中场"铁三角"，是法国队在20世纪80年代崛起的关键。三人领衔的"高卢雄鸡"接连收获了1982年世界杯第4、1984年欧洲杯冠军与1986年世界杯季军的佳绩，开启了法国足球的第一个王朝。

第三章
光辉岁月
1976—1993

塞维利亚之夜

科瓦奇下课后,伊达尔戈顺理成章地接管了"高卢军团"的帅印。1976 年 3 月 27 日,在王子公园球场,法国队迎战捷克斯洛伐克队。伊达尔戈在他执教法国队首场比赛中派上了众多的年轻人。比赛第 73 分钟,法国队获得任意球机会,一个 20 岁的毛头小伙从老大哥亨利·米歇尔手中抢走了主罚权,随后他射出的足球划出一道绝妙的弧线,钻进网窝。一时间,巴黎王子球场数万观众惊诧不已,就连伊达尔戈都不敢相信自己的眼睛。这个其貌不扬的小伙儿名叫米歇尔·普拉蒂尼,从这一刻起,法国足球的命运改变了。

似曾相识的一幕在一年后的世界杯预选赛上再次出现,法国队与保加利亚队的关键之战,又是普拉蒂尼一脚 20 米外的直接任意球破门,法国队以 3 比 1 淘汰对手,回到阔别 8 年的世界杯舞台。在黑暗里挣扎徘徊了十余年的法国足球终于浮出水面,呼吸到了新鲜空气,迎来了自己的重生。

1978 年,伊达尔戈和法国队迎来了大赛初体验。这届世界杯在遥远的南美大陆举办,由于当时阿根廷正处在军人独裁时期,法国足协在是否参赛的问题上犹豫了很久。

最终,"高卢军团"还是来到了南美大陆。法国队与阿根廷队、意大利队以及匈牙利队分在一组,这是不折不扣的"死亡之组"。小组赛首战,拉孔贝开场第 1 分钟进的头球没有为"高卢雄鸡"带来胜利,意大利队连进两球 2 比 1 逆转取胜。次战东道主,法国队又以同样的比分输球,普拉蒂尼打进了世界杯处子球。最后一仗,法国青年军以 3 比 1 击溃实力强劲的东欧劲旅匈牙利队,结束了这届杯赛。

不过法国队也创造了一项纪录:伊达尔戈让全部 22 人都得到了上场机会,整个队伍得到了实战锻炼。更重要的是,普拉蒂尼崭露头角,未来法国队的核心呼之欲出。1978 年世界杯对法国足球来说有着里程碑式的意义,而经过这次历练,法国足球迎来了辉煌的"帝国时代"。

成长的道路并非一帆风顺,而是如同春蚕破茧一般,挣扎着蜕掉所有的青涩。1980 年,欧洲杯首次扩军,共有 8 队参加最后的决赛圈,但是法国队还是没有搭上末班车。第二年,当法国队踏上世预赛征程时,普拉蒂尼戴上了队长袖标,并穿上了象征核心的 10 号球衣。

第三章 / 光辉岁月　　　　　　　　　　　FRANCE NATIONAL FOOTBALL TEAM

　　1981年11月18日，在巴黎王子公园球场，事关出线的生死战，法国队只有击败荷兰队才能获得世界杯入场券。普拉蒂尼主罚禁区前任意球，一脚漂亮的"香蕉球"被门将飞身挡出，法国"天皇"禁区外敏锐地抢到落点，迎着弹回来的皮球又是一脚凌空怒射，这一次再没有人能阻挡皮球飞入网窝。

　　当时的法国队拥有世界最强大的中场"铁三角组合"——吉雷瑟的组织才能、普拉蒂尼的想象力与得分天赋、蒂加纳朴实无华的防守，他们构成法国足球在20世纪80年代驰骋世界足坛的中坚力量，正是从那时开始，法国队才真正进入了欧洲足球强国的行列。

　　不过，1982年西班牙世界杯开赛前，外界并不看好法国队，这支球队已经太久没有在大赛中有过令人信服的表现了。首轮迎战英格兰队，英国球员布莱恩·罗布森在开场第27秒侧凌空敲开了法国队的大门，"高卢军团"出师不利，最终以1比3败下阵来。好在法国队及时调整状态，以4比1战胜了实力平平的科威特队并逼平捷克队，总算以1分优势力压捷克队获得小组第2。

第二阶段的比赛依然是小组赛，12支球队分为4个小组，每组头名将晋级半决赛。法国队与奥地利队、北爱尔兰队分在一组。与奥地利队的比赛普拉蒂尼受伤缺席，法国队凭借根希尼的进球轻松小胜。次战北爱尔兰队，普拉蒂尼伤愈归来，"高卢军团"4比1大胜对手，吉雷瑟和罗歇托双双"梅开二度"。

幸福与不幸总是相伴相生，甜蜜的西班牙之旅在此时迎来了一个转折点。等待着"高卢雄鸡"的将是一份痛彻心扉的忧伤——"塞维利亚之夜"，这是一段法国人不能忘却也不愿回忆的历史。

1982年7月8日，西班牙塞维利亚皮斯胡安球场，法国队与联邦德国队在半决赛狭路相逢。联邦德国队先是由利特巴尔斯基在第26分钟先拔头筹，但仅过10分钟，普拉蒂尼通过点球为法国队扳平比分。

比赛进行到第60分钟，世界杯历史上最为恶名昭彰的一幕发生了：法国队巴迪斯通接普拉蒂尼妙传获得单刀机会，联邦德国队门将舒马赫冲出禁区后高高跃起，用膝盖狠狠地撞上巴迪斯通头部。这是一次严重的侵人犯规，现场的法国球迷期待着一次任意球和一张红牌，但荷兰主裁判考弗尔却将手指向了小禁区，球门球！可怜的巴迪斯通失

去知觉，昏迷不醒，被抬出场外。事后，人们得知他的两颗牙齿被撞断，下颌骨下陷，颈椎受伤，舒马赫却逃过了哪怕最轻微的惩罚。

90分钟双方战平进入加时，加时赛中，特雷索尔的任意球破门和吉雷瑟的凌空勾射，帮助法国队以3比1领先，胜利仿佛已经在向法国人招手。不过顽强的德国人却创造起死回生的神奇一幕，鲁梅尼格和费舍尔先后两粒入球将比分扳平，比赛最终被拖入点球决胜。

点球大战也是一次小小的逆转。法国队门将埃托利在第4轮扑出了斯蒂利克的点球，但舒马赫这个时候站了出来，他挡出了希克斯的射门，又在数轮后扑出了博西斯软弱无力的罚球，随着赫鲁贝施沉稳的主罚命中，德国人成为"塞维利亚之夜"最后的赢家。

这场失利让法国人在相当长的一段时间内都耿耿于怀，用吉雷瑟的话说，"对于我们而言，那场比赛是永远的伤痛，历久弥新"。即便是在30多年后的2013年2月，法国队与德国队踢友谊赛，法国足协邀请所有1982年半决赛球员到场纪念，所有球员都到了，除了巴迪斯通。在被问及是否是因为不想面对舒马赫时，他表示："那次恶意犯规给我留下的阴影太大了。"

随后的季军争夺战，无心恋战的法国队雪藏了普拉蒂尼等7名主力，最终以2比3负于波兰队，获得第4名。尽管未能突破世界杯最好成绩，但"高卢雄鸡"在西班牙收获了信心，他们不再惧怕任何对手。

高卢战纪 法国传

一个人的欧洲杯

　　舒马赫的野蛮犯规延缓了法国队前进的脚步，但却无法阻止"高卢军团"征服欧洲足坛的征程。两年后，法国第二次举办欧洲杯。"铁三角"依旧坚不可摧，"中场节拍器"路易斯·费尔南德斯的到来使这一组合升级了，这支所向披靡的"魔幻四方阵"集齐了最后一块拼图。

　　决赛圈的8支球队被分成两个小组，前两名交叉进行半决赛，胜者晋级决赛。小组赛，法国队和丹麦队、比利时队、南斯拉夫队同处一组。揭幕战中，普拉蒂尼在第87分钟打进制胜球，法国队以1比0艰难战胜丹麦队。随后东道主势不可挡，以5比0大胜比利时队，随后又以3比2力克南斯拉夫队，法国队小组赛三战全胜挺进半决赛。普拉蒂尼连续两场上演"帽子戏法"，这一神迹至今无人超越。

　　与葡萄牙队的半决赛堪称欧洲杯历史上最经典的比赛之一，双方在90分钟内战成1比1平。比赛进入加时赛，葡萄牙队在第98分钟反超了比分。就当人们认为法国队将无缘决赛时，奇迹发生了，先是多梅格在114分钟时扳平比分，接着蒂加纳助攻普拉蒂尼，后者在终场前1分钟打进了一个令人难忘的绝杀球，法国队最终以3比2的比分晋级决赛。

　　决赛在巴黎王子公园球场上演，穆尼奥斯的球队在场上抵抗了将近一个小时，普拉蒂尼第59分钟用标志性

第三章 / 光辉岁月　　　　　　　　　FRANCE NATIONAL FOOTBALL TEAM

的任意球攻破了"斗牛士"的大门，尽管法国队的洛克斯在第75分钟被红牌罚下，但是贝隆内第90分钟的进球彻底杀死比赛，法国队2比0取胜，赢得了成立80年来第一个大赛锦标。

也是在这届欧洲杯，普拉蒂尼将个人英雄主义演绎到了极致，那是属于他的风华绝代。这是普拉蒂尼以球员身份参加的唯一一次欧洲杯，5场比赛，9粒入球，2次"帽子戏法"，1粒决赛入球，1座德劳内杯。直到今天，在任何一届大赛上，都不曾出现过像他那样，以个人气魄，每场比赛都彻底

震慑对手，并最终主宰整个赛事的情景。在那一年的金球奖评选中，普拉蒂尼获得了满分130中的128分，得分率高达98.46%，蝉联欧洲金球奖。

欧洲杯后，伊达尔戈功成身退，离开了执教8年的法国队，转而担任法国足协技术部主管。他的助手亨利·米歇尔成为继任者，那年他率领法国国奥队夺得奥运男足金牌。

整个1984年，法国队在12场比赛中取得全胜战绩，打进27球仅失4球。"高卢军团"的连胜势头直到第二年5月才被保加利亚人终止。1986年世界杯预选赛，法国队前两轮先后以4比0和1比0的比分击败了卢森堡队和保加利亚队，最终取得5胜1平2负的战绩，以小组第1的身份直接晋级墨西哥世界杯。

FRANCE NATIONAL FOOTBALL TEAM

再见，"铁三角"

1986 年世界杯原定在哥伦比亚进行，但后者政局不稳，自动让出了主办权，并改由墨西哥承办。世界杯前，墨西哥遭遇大地震，约 2 万人丧生，但这并未影响他们举办一届出色的世界杯。

那年夏天，普拉蒂尼、济科、苏格拉底、鲁梅尼格等 20 世纪 80 年代的巨星们在墨西哥高原会聚一堂，他们率领各自球队向着世界杯发起最后的冲击。法国队是当时的夺冠大热门，31 岁的普拉蒂尼在媒体上出现的次数比任何一个球星都多。

首战，法国队一球小胜加拿大队，23 岁的年轻射手帕潘第一次登上世界杯舞台就打进一球。接下来对阵小组最强对手苏联队，拉茨率先洞穿了法国队大门，随后费尔南德斯接到吉雷瑟的妙传扳平比分。最后一轮，法国队 3 球完胜匈牙利队，以净胜球劣势屈居苏联队之后出线。

1/8 决赛的对手是卫冕冠军意大利队，开场 15 分钟，费尔南德斯和罗歇托漂亮的配合制造出机会，普拉蒂尼破门得分，法国队取得领先。下半时蒂加纳助攻，来自图卢兹的球员斯托皮拉进球锁定胜局，法国队晋级 8 强。

与巴西队的 1/4 决赛是世界杯殿堂的经典

战役之一，两个夺冠最大热门提前相遇。巴西队凭借安东尼奥·卡雷拉的进球率先打破僵局。法国队在第 41 分钟时亮剑，罗歇托右路传中，皮球划过门前无人触及，普拉蒂尼后点将球挡进了巴西队大门。1 比 1，这是巴西队 5 场比赛以来丢的第一个球。

"桑巴军团"本有机会在常规时间解决战斗，但是济科将绝杀的点球罚丢。120 分钟战罢，双方依旧难分高下。比赛进入残忍的点球大战，苏格拉底罚丢了巴西队第 1 个点球。第 4 个出场的普拉蒂尼只要罚进，法国队就将立于不败之地。但法国 10 号却不可思议地将球踢向了看台，巴西队随后出场的塞萨尔也没能罚进，在最后出场的费尔南德斯稳稳罚进最后一粒点球之后，"高卢雄鸡"得以在这场经典对决中笑到最后。

比赛结束后，普拉蒂尼与费尔南德斯疯狂相拥庆祝胜利，济科、苏格拉底等一代巴西巨星则黯然告别世界杯。路透社当时这样评论这场比赛："在 2 个小时里，一群传奇球星在场上留下了鲜血、汗水和泪水，也造就了一场生存或死亡的史诗般决战。"

4 天后半决赛打响，法国队与联邦德国队又一次宿命般地相遇了。4 年前的"塞维利亚之夜"，舒马赫的恶意犯规还历历在目，巴迪斯通赛前接受采访时直言："我绝对不想也不会在比赛中接近舒马赫，至少要与他保持 40 米以上的距离。"

这场大战的气氛并不像外界设想的那样剑拔弩张，两位队长普拉蒂尼和鲁梅尼格赛前在交换队旗时甚至谈笑风生，他们在意甲联赛时曾各自代表尤文和国米有过多次碰面。

在连续经历了与意大利队和巴西队两场苦战之后，法国队脸上写满了疲惫，尤其是几位核心球员。"铁三角"中普拉蒂尼和蒂加纳都已年满 31 岁，吉雷瑟更是高达 34 岁，前锋罗歇托也有 31 岁。在墨西哥高原炎热的赛场上，这支疲惫之师已是强弩之末。

鲁梅尼格在第 9 分钟为联邦德国队赢得任意球，布雷默一脚势大力沉的射门射穿了巴茨的十指关。丢球后的法国队发动反攻，但始终找不到破门的办法。整届大赛都一直受到肌腱炎折磨的普拉蒂尼再也无法以一己之力改写战局，下半场他曾有过一次单刀机会却被判越位。终场前，舒马赫手抛球发动快攻，替补鲁梅尼格出场的沃勒尔带球越过出击的巴茨打空门得手，将比分定格为 2 比 0。

"高卢军团"再一次被挡在决赛门外。普拉蒂尼未能"挽狂澜于既倒，扶大厦于将倾"。"当终场哨响的时候，我觉得我的少年和青年时代结束了，所有的热情都已燃尽。"他脱下球衣神情黯然地离开球场，法国足球统治欧洲的时代落下了帷幕。

与比利时队的荣誉之战，普拉蒂尼、吉雷瑟等老将作壁上观，米歇尔派上了帕潘、

第三章 / 光辉岁月　　　　　　　　　　　　FRANCE NATIONAL FOOTBALL TEAM

阿莫罗斯等新鲜血液。两支球队一直激战到加时赛，这是世界杯历史上三四名争夺赛第一次出现加时的情况。姜还是老的辣，法国队在加时赛中 7 分钟内攻入两球，以总比分 4 比 2 胜出，史上第二度加冕世界杯季军。

这是法国足球 20 世纪 80 年代最后的荣光，普拉蒂尼领衔的"黄金一代"渐行渐远了。吉雷瑟、罗歇托以及全能后卫博西斯在这届世界杯结束后纷纷退出了国家队。第二年 4 月，在法国队与冰岛队的欧洲杯预选赛结束后，普拉蒂尼的国家队生涯也画上了句号。

04 黑色半分钟

此后,法国足球又一次跌入谷底。转年开始的欧洲杯预选赛,他们在8场比赛中仅仅取得1胜4平3负的耻辱性战绩,卫冕冠军队竟然没有获得一张正赛入场券。紧接着,是1990年意大利世界杯预选赛出线告急,法国队接连被南斯拉夫队和苏格兰队击败。1988年10月20日,在塞浦路斯首都尼科西亚,法国队迎来出线关键战役,赛前主帅亨利·米歇尔在更衣室说:"小伙子们,今天晚上如果我们不赢,我就要被解职了!"结果在上半场领先的情况下,帕潘领衔的法国队被对手逼平。这场平局宣告法国队进军1990年世界杯的希望彻底破灭。十天后,法国足协宣布:普拉蒂尼成为法国队主教练。

20世纪90年代初期,法国球迷念叨最多的名字,一个是帕潘,一个就是坎通纳。

帕潘属于当时罕见的全能型前锋,在国内效力的十年间,帕潘每赛季的进球数都能保持在20个以上。尤其是1989年至1991年间,帕潘连续三年蝉联法甲最佳射手,而他也以法国锋线第一人的身份力压范巴斯滕等人斩获了1991年的欧洲金球奖。可惜的是,在帕潘球技巅峰的时刻,正是法国足球整体低迷的时期,23岁时帕潘跟随法国队参加1986年世界杯,打进两球,此后,他再也没有出现在世界杯舞台上。

坎通纳早在1987年就被米歇尔招进法国队,那年他只有21岁。而在一年后,这位桀骜不驯的足坛坏小子因为在电视节目上辱骂米歇尔而被踢出国家队。直到普拉蒂尼成为法国国家队新主帅,坎通纳才获得重返国家队的机会。

1991年,帕潘和坎通纳的锋线组合在欧洲杯预选赛上大放异彩。当时只有8支球队可以入围决赛阶段,小组第一才能进军瑞典。因此与西班牙队和前捷克斯洛伐克队分在一组的法国队并不被看好,但"高卢军团"却在普拉蒂尼的指挥下一鸣惊人,以8场预选赛全胜的完美战绩昂首出线。8场预选赛法国队一共打进20球,帕潘和坎通纳包办其中的12球,帕潘以9球高居预选赛射手榜第二位,普拉蒂尼也获得了1991年《世界足球》杂志评选的年度最佳教练。

1992年瑞典欧洲杯,法国人终于时隔8年再度亮相。来到斯堪的纳维亚半岛的"高卢雄鸡"被外界认为是夺冠热门,普拉蒂尼阵中既拥有当时如日中天的帕潘、坎通纳、德尚等人，又拥有费尔南德斯这样的三朝元老。

但欧洲杯小组赛一开打，法国人便丢掉了之前所有值得炫耀的资本。揭幕战对阵东道主瑞典队，法国队开场 24 分钟就遭打击，埃里克松接到利姆帕尔罚出的角球头槌攻门，为瑞典队首开纪录。眼看球队迟迟无法破门，普拉蒂尼下半场换上佩雷斯，后者随即用一次后场漂亮的长传转移助攻球队头号球星帕潘将比分追平，1 比 1 的比分保持到终场。

次战英格兰队，两支球队 90 分钟 0 比 0 互交白卷。最后一轮，法国队在打平就能出线的情况下却爆冷 1 比 2 败给日后创造童话的丹麦队。预赛全胜的王者，决赛圈一场未胜而出局。

普拉蒂尼重振法国足球的梦想破灭了，他决定把主教练的位置交给自己的助手霍利尔。同年 7 月，在法国成功获得 1998 年世界杯主办权后，普拉蒂尼成为世界杯组委会主席之一，从此走上了"足球政客"的道路。

霍利尔的上任引起了很大的争议，他从未踢过职业足球，在 20 世纪 70 年代时在一家业余球队踢球，职业是一名英语教师。1979 年，霍利尔从第五级别联赛球队开始教练

生涯，1986年率领巴黎圣日耳曼队赢得法甲冠军后步入名帅行列，两年后，霍利尔成为普拉蒂尼的助手。

当时，霍利尔的球队不缺大牌，帕潘、坎通纳、吉诺拉、德塞利、德尚都在阵中。法国队在预选赛前8场比赛6胜1平1负，高居小组第一，最后两场比赛都是主场作战，对手是不算太强的以色列队和保加利亚队，只要拿到1分就可确保一个出线名额。

以色列队前8场一场未胜、积分垫底，法国队曾在客场以4比0横扫过他们，谁都认为回到主场法国队将轻松拿下。比赛的进程却出乎所有人的预料，以色列队开场后先声夺人，法国队很快扳平稳住局面，吉诺拉更是帮助球队在半场结束前2比1反超。然而，霍利尔保守的战术思想最终葬送大好局面。在法国人的一片恐慌中，以色列队第83分钟扳平比分，并在补时第3分钟完成一记惊世骇俗的绝杀。

法国队随即降至小组第二，屈居瑞典队之后，但这仍足以保证进军1994年美国世界杯——只要在最后一场比赛中不输给小组第三的保加利亚队，他们便能昂首晋级。

1993年11月17日，48500名球迷涌入巴黎王子公园球场，其中大部分是满怀期待的法国人。美国世界杯的门票近在眼前，他们已经开始准备赛后的庆祝，这将是法国队自1986年后首次重返国际重大赛事。第32分钟，坎通纳在禁区里接帕潘头球摆渡先下一城，法国队的一只脚踏上了美利坚的土地。然而，仅仅5分钟后，布兰科草率的处理造成角球，科斯塔迪诺夫头球甩入近角。

这个失球顿时让法国队失魂落魄，爆冷负于以色列队的阴影开始笼罩球场。向来保守的霍利尔却出人意料地派上了吉诺拉，试图在前场增加攻势遏制对手反扑。保加利亚

第三章 / 光辉岁月　　　　　　　　FRANCE NATIONAL FOOTBALL TEAM

队逐渐掌握场上的主动权,但法国队似乎已经认定要守住这一分。第90分钟,吉诺拉在对方半场赢得了一个位置很深的任意球,此时他所需要做的就是消耗时间并把球带到角旗区,带到离本方门将伯纳德·拉玛尽可能远的地方。

然而,这名飘逸的边锋竟然给出一记不着边际的传中球,皮球径直落到保加利亚队后卫脚下。保加利亚队顺势发动最后一次进攻,佩内夫妙传至科斯塔迪诺夫脚下,后者晃过打盹的阿兰·罗歇,轰出一脚势大力沉的射门,球擦横梁下沿飞入网中。

难以置信的法国球员陷入崩溃,直播的法国电视一台甚至将比分打成法国队2比1领先。霍利尔厌恶地转过身去,毫无疑问,他正在低声嘟囔埋怨队员,他的助教雅凯也在震惊中转身,以手抱头。

比赛重新开始后不到30秒,苏格兰主裁莱斯利·莫特拉姆吹响了终场哨,也宣判了"高卢雄鸡"的死刑。赛后,霍利尔把球队的耻辱出局直接归咎到26岁的吉诺拉身上:"他那脚传中就像一枚飞鱼导弹,打穿了全队的心脏。他是个刺客,谋杀犯!"

20世纪90年代是法国足球人才井喷的年代,活跃在欧洲五大联赛的很多当红球星都来自法国。然而,人才济济的法国队却在1994年世界杯预选赛中折戟沉沙。

1994年春天,雅凯坐上了法国队帅位,决心要打造一支完全不同的法国队。从帕潘、坎通纳到吉诺拉,法国足坛的三大球星被雅凯视为"旧时代的球员"而被坚决放弃,齐达内领衔的"98黄金一代"登上历史舞台。1998年法兰西之夏,法国队站上了世界之巅。两年后,雅凯的继任者勒梅尔又率领"高卢军团夺"得第二座德劳内杯,这是法国足球历史上最辉煌的岁月。

有高潮就有低谷,2002年,法国足球的又一个滑铁卢。2006年德国世界杯是"98黄金一代"的告别演出,从不被看好到杀进决赛,齐达内用充满魔力的双脚创造了奇迹,却又在曲终时用头顶飞了一切!

第四章
黄金一代
1994—2006

弃用"国王"

  1993年的世界杯预赛被保加利亚队绝杀后没几天,法国足协就辞去了霍利尔的主帅职务,他的助手雅凯被迅速扶正。法国媒体和公众对雅凯的质疑从他上任第一天起就从没停止过。雅凯过往的球员和执教生涯并不算风光,他年轻时曾长期效力当时的法国班霸圣埃蒂安队,曾夺得过5次法甲冠军。20世纪六七十年代是法国足球的低潮期,即便如此,雅凯也仅仅代表国家队上过两次场,一球未进。退役后雅凯只是在本土执教,获得过3次法甲冠军。雅凯生性低调,短暂的一线执教后便进入国家训练中心做技术工作,直到1992年成为国家队助理教练辅佐霍利尔。

  雅凯接过教鞭后,任命坎通纳为队长,对这位当时法国足坛的大牌球星委以重任。1994年2月,法国队在那不勒斯以1比0战胜意大利队,暂时走出困境。不料,高歌猛进的法国队在下半年遭遇一连串平局,对阵斯洛伐克队、罗马尼亚队和波兰队,连续3个0比0对"高卢军团"的打击不小,坎通纳的低迷表现遭到媒体的口诛笔伐,他被扣上了"混乱的肇事者"的帽子。

  后来发生的一件事彻底改变了坎通纳在国家队的命运。1995年初,曼联在塞尔赫斯特公园球场1比1战平水晶宫,这场比赛至今仍被人铭记的原因是坎通纳。在被红牌罚下场后,水晶宫球迷西蒙斯辱骂坎通纳为"法国杂种",暴怒的"国王"越过广告牌,

第四章 / 黄金一代　　　　　　　　　　　FRANCE NATIONAL FOOTBALL TEAM

用中国功夫式的横身飞踹踢向西蒙斯。这一脚几乎断送了他的职业生涯，让他陷入了 8 个月的停赛期。

雅凯意识到这样下去他还会重蹈覆辙，于是果断地做出了更换队长的决定。26 岁的德尚从众多球员中脱颖而出，成为国家队真正的"统帅"。这位其貌不扬的小个子球员是一个天生的领袖，在球场上，他是法国队的攻防枢纽，在场下，在更衣室内他又是最有威信的带头大哥。

随着 1996 年欧洲杯的日益临近，曾经是法国队前锋线上三大金刚的坎通纳、吉诺拉和帕潘究竟能否出现在英格兰赛场上，越来越为更多的人所关注。

三人中帕潘资历最老，他是继普拉蒂尼之后法国队又一个世界级的球星。在 AC 米兰和拜仁慕尼黑受挫之后，这个当年令整个欧洲胆寒的"射门机器"彻底沉沦。法国国家队则早在 1994 年底就对一蹶不振的前法国头号球星关上了大门。

吉诺拉的国家队生涯充满了悲剧色彩，与保加利亚队一战的草率决定断送了法国队挺进美利坚的美梦，同时也改变了他的命运，他被当作罪人饱受球迷的指责，迫不得已去了英格兰联赛。不过，这个散发着浪漫气息的天才却在异国他乡大放异彩，靠着无与伦比的左路突破和精彩绝伦的入球，到纽卡斯尔第二年便帮助球队夺得了联赛亚军，1997 年他转会热刺队，并于第二年获得英格兰足球先生的荣誉，1999 年为球队夺得联赛杯立下汗马功劳。尽管此后，他在北伦敦崇尚纯艺术足球的吉诺拉在防守上的缺陷也令保守的雅凯没有足够的信心起用他。

1995 年底，坎通纳解禁复出时，曼联已经在联赛中落后纽卡斯尔多达 12 分。"国王"归来后，"红魔"曼联连战连捷，坎通纳多次在 1 比 0 的关键胜利中进球，包括 1996 年足总杯决赛。那个赛季，曼联最终逆袭成功，夺得英超和足总杯双料冠军，坎通纳当选英格兰足球先生。

法国人心中不能忘记坎通纳的名字，就像他们为普拉蒂尼那般疯狂一样。英雄，是他们对于足球的定义。然而，在舆论和公众对"曼联国王"疯狂的崇拜中，雅凯在 1996 年 1 月断然结束法国队的"坎通纳时代"。可想而知这一决定在当时引起了巨大的争议，媒体整日炮轰他，球迷更是恨死了他。

对于自己的决定，雅凯后来这样解释："帕潘首先应治好伤病并在拜仁慕尼黑队证明自己的能力，坎通纳在被禁赛的 8 个月里其位置已被年轻球员所取代。至于吉诺拉，

他喜怒无常，是个情绪化的球员，我们球队中不应有这种球员。"

事实上，雅凯之所以敢冒天下之大不韪弃用坎通纳，与一个年轻人的出现有很大的关系。1994年4月17日，那是一场友谊比赛，法国队0比2落后捷克队，在比赛的第63分钟，雅凯派上了22岁的齐达内。30分钟，两个进球，齐达内帮助法国队将一场失利扭转成一场平局，同时他也向全世界展现了自己的踢球方式。雅凯决定树立以德尚为领袖，以齐达内和德约卡夫为战术核心，塑造一支新的法国队。

客观地说，出现在1996年欧洲杯上的齐达内显得有些紧张和稚嫩。相比较而言，比齐达内年长4岁的德约卡夫表现得更加从容，绰号"大蛇"的德约卡夫25岁才入选法国队，处子战是1993年秋天世界杯预选赛，法国队以2比3输给以色列队。德约卡夫在1996年欧洲杯预选赛阶段就打进3球，小组赛对阵西班牙队又打进关键球，因此他顺利入选那届欧洲杯最佳阵容。

在欧锦赛小组赛上，法国队3战2胜1平头名出线。1/4决赛，法国队淘汰夺冠热门荷兰队，挺进4强。半决赛，"高卢军团"遭遇捷克队史最强"黄金一代"，两队激战120分钟难分高下，点球大战遗憾落败。

欧洲杯的失败让雅凯承受了不小的压力，法国上下一片骂声，许多球迷甚至要求他马上辞职。作为坎通纳的替代者，齐达内表现得中规中矩，没能达到法国球迷心中普拉蒂尼或者坎通纳接班人的要求，脆败给内德维德领衔的捷克队也让他一时到了风口浪尖。

但雅凯不为所动,坚持主见,带领法国队继续前行。事实上,这届欧洲杯雅凯更多的是为两年后的本土世界杯演练阵容。没有坎通纳这样的超级大牌,法国队的更衣室极其团结和安静。在英格兰,雅凯打造了让"高卢军团"日后受益无穷的钢铁防线:布兰科和德塞利镇守中路,利扎拉祖和图拉姆一左一右,他们在5场比赛仅丢2球。前场则是围绕齐达内构建的法国队进攻体系。

欧洲杯后,齐达内迎来了职业生涯的一个转折点——加盟意甲豪门尤文图斯。在亚平宁半岛,24岁的齐达内的足球境界上升到了一个新的高度。他先是帮助"斑马军团"击败河床队获得丰田杯,然后又率队连夺1996/1997赛季和1997/1998赛季的意甲冠军。齐达内出色的控球技巧令向来崇尚防守的意大利人刮目相看,他潇洒的拉球过人动作甚至被以他的故乡"马赛回转"来命名。尽管那个时代的尤文图斯的宠儿是皮耶罗,但齐达内是"斑马军团"不可或缺的指挥官。

1997年夏天,作为世界杯主办国的测试赛,法国队邀请了巴西队、意大利队和英格兰队参加四国邀请赛。4支球队尽遣精英,"桑巴军团"阵中有罗马里奥和罗纳尔多的超级锋线组合,意大利队有当时欧洲最强的前锋皮耶罗,维埃里、因扎吉也已开始崭露头角。

这次邀请赛法国队的表现并不抢眼,揭幕战虽然逼平了强大的巴西队,但人们记住的却是罗伯特·卡洛斯违背物理学的惊世任意球。与英格兰队一战,巴特斯接球脱手让希勒打进全场唯一进球。与意大利队比赛前,英格兰队与巴西队已经锁定前两名,这对难兄难弟最终1比1握手言和。

最终,英格兰队2胜1负获得邀请赛冠军,巴西队1胜2平紧随其后,法国队和意大利队都是2平1负未尝胜绩。赛后,专家普遍认为,拥有"罗罗组合"的"桑巴军团"将是1998年世界杯夺冠大热门。

当时的法国队锋线实力太过屡弱,这是摆在雅凯面前的大难题。那一年,霍利尔正带领法国U-20征战世青赛,在那支球队中,来自摩纳哥的锋线组合亨利和特雷泽盖给人留下了深刻印象。于是,世青赛后不久,雅凯的国家队向他俩敞开了大门。

齐达内封王

世界杯的脚步越来越近了，法国队的大名单引发了更大的争议。法国媒体普遍认为雅凯应该招入吉诺拉和阿内尔卡这两位状态出色的攻击手，前者刚被评为英超最佳外援，后者已经崭露头角，跟随"枪手"阿森纳夺得1997/1998赛季的英超冠军。

然而，固执的雅凯没有听从外界意见，吉诺拉和阿内尔卡都没有入选世界杯名单，除了齐达内和德约卡夫这两位铁打主力之外，雅凯招进的另外几位攻击手是效力于法甲的亨利、特雷泽盖、吉瓦尔什和杜加里，他们普遍缺乏大赛经验，但雅凯认为他们适合自己的阵型。

世界杯开赛前夕，法国乃至全欧洲颇负盛名的媒体《队报》发表社评，公开表示雅凯不是法国国家队主帅的合适人选，为了不要让法国队在家门口蒙羞，社评中要求雅凯立即辞职，甚至对雅凯低调的性格评头论足。

雅凯和他的法国队就是在这样的舆论环境和公众普遍的质疑声中开始了他们的世界杯之旅。这位个性鲜明的教练告诫自己的弟子们："现在没有人相信我们，没有人认为我们能够赢得世界杯，我们必须靠我们自己，我们必须证明给所有人看！"

1998年6月12日，在马赛维洛德罗姆球场5万名球迷的助威声中，"高卢雄鸡"踏上了世界杯征程。揭幕战，雅凯出人意料地把21岁的亨利放到了首发阵容当中。上半时，法国队便占尽天时地利人和优势，齐达内的直塞球穿过南非队的后卫线，却被软弱无力的锋线队友浪费。

第27分钟，吉瓦尔什的受伤给了杜加里登场亮相的机会。仅仅8分钟后，杜加里接到齐达内开出的角球，头球为法国队打开胜利之门。下半场德约卡夫的射门造成了南非队的乌龙。终场前，亨利锦上添花，打进个人在国家队的第一个球，法国队以3比0完胜南非队，取得开门红。

6天以后，法国队迎来亚洲球队沙特阿拉伯队的挑战，共有7.5万名球迷涌入法兰西大球场为"高卢军团"加油。杜加里踢了30分钟就因伤下场，另一个21岁的锋线小将特雷泽盖迎来属于自己的机会。亨利"梅开二度"，特雷泽盖冲顶破门，两人包办了

法国队前 3 粒进球，利扎拉祖终场前插上破门，为这场 4 比 0 的大胜画上了句号。

然而，这还不是这场比赛的全部。在亨利和特雷泽盖两位新人的光芒下，齐达内却犯下了一个愚蠢的错误，面对对方后卫阿明的纠缠，齐达内在对方已经倒地的情况下极不冷静地补上了一脚，当值主裁就在不远处注视着他的举动，一张红牌不可避免。观众的欢呼声变成了嘘声，齐达内沉默着，转过身，一言不发地走了下去。

这张红牌让齐达内付出了停赛两场的代价。法国队下一个对手是劳德鲁普领衔的丹麦队，雅凯再一次展现了与众不同的魄力，他一口气轮换了 8 人之多，在首发阵容中，他只派上了 3 名前两场的主力：巴特斯、德塞利和迪奥梅德。

结果球队还是以 2 比 1 击败丹麦队，以小组第一的身份出线。当时法国队助理教练贝尔热鲁回忆道："当年我们尽一切可能避免替补球员放任自流，在第 3 场比赛轮换后，球队的替补和主力更加团结。"

1/8 决赛是雅凯的第一道坎，16 年前的巴拉圭队是以防守见长的球队，而且队中还有奇拉维特这样的超级门神。比赛开场第 15 分钟，特雷泽盖的劲射滑门而出，亨利第 39 分钟的单刀击中门柱。

久攻不下的法国队此时方才意识到齐达内的重要性，少了这位中场核心，法国队的传球、组织缺乏威胁。尽管下半时雅凯将 5 名前锋全部轮番派遣上阵，但面对巴拉圭队铁桶般的防守依然一筹莫展。而顶住了法国队的狂轰滥炸后，巴拉圭队也获得了几次不错的反击机会，好在德塞利、布兰科领衔的后防线足够牢固。

90分钟双方都无建树，于是本届世界杯的第一场加时赛展开了。当时世界杯施行金球制胜的"突然死亡"赛制。正当雅凯已经开始准备点球大战时，世界杯史上首粒金球诞生！第113分钟，皮雷右路45度起球，禁区内的特雷泽盖头球摆渡恰到好处，布兰科插上一脚凌空怒射让巴拉圭"突然死亡"。

这粒"金球"让替补席上的齐达内如释重负，他无法想象如果两支球队踢到点球大战会是什么结局。"在国家队需要我的时候，我没法无动于衷！这次爱莫能助使我终生难忘。"

接下来的1/4决赛齐达内解禁复出，法国队遇到了意大利队的混凝土防守。老马尔蒂尼在这场比赛中排出了一个纯粹的防守型阵容，除了5名后卫外，中场还设置了2名防守型前卫。比赛开始后，法国队基本上一直占据了场上的主动，控球时间远多于意大利队。尽管齐达内在前场不知疲倦地奔跑串联，创造进球机会，但意大利人的防线依旧是坚不可摧。

120分钟鏖战结束，双方不得不进行残酷的点球决战。第一轮，齐达内顶住巨大的压力将球罚入。接下来意外发生了，利扎拉祖的点球被扑出。好在巴特斯神勇地扑出了

第四章／黄金一代

阿尔贝蒂尼的点球，将法国队从死亡边缘拉了回来。随后出场的特雷泽盖和亨利都稳稳地将球罚进，当法国队最后一个主罚的布兰科走上罚球点时，前一刻面对帕柳卡还沉着冷静的亨利此时却藏在了特雷泽盖身后，这位21岁的射手不敢去看眼前即将发生的一切。布兰科骗过帕柳卡将球罚进，最后一个出场的意大利球员迪比亚吉奥一脚怒射，皮球狠狠地砸在横梁上，法国队笑到了最后。

在通往决赛的路上，"大黑马""格子军团"克罗地亚队挡在前面。当时的"格子军团"阵中的头号球星是效力于皇马的达沃·苏克。如果说小组赛3比1胜牙买加队、1比0胜日本队无法证明这支东欧劲旅的实力的话，那么1/8决赛淘汰罗马尼亚队则是黑马露蹄了。苏克的一剑封喉让这支力压英格兰队以小组第一出线的种子队吃了个哑巴亏。罗马尼亚队原以为拿了小组第一避开了阿根廷队之后就可以比较顺利地进军8强了，可是他们轻视了克罗地亚队这支东欧小弟。进了8强后，面对强大的德国战车，估计赛前没有多少人会看好这支第一次参加世界杯的新军。但3比0的比分足以让世界吃一惊了，克罗地亚队踏着"日耳曼战车"的碎片挺进了4强。

面对这匹屡屡创造奇迹的"黑马"，法国队在上半场没能找到破门的办法。齐达内多次尝试远射，都被克罗地亚队门将德拉岑拒之门外。45分钟过后，双方互交白卷。下半场刚刚开场，右后卫的图拉姆造越位失败，苏克展现出色的个人技术，突入禁区后面对出击的巴特斯，用他那"会拉小提琴"的左脚打进个人世界杯赛的第5球，克罗地亚队以1比0领先。法国队如梦初醒，在1分钟后还以颜色，图拉姆前场抢断交给德约卡夫，后者送出妙传，图拉姆插入禁区后倒地射门得手，完成对自己的救赎。12分钟后，图拉姆又在禁区前沿抢断贾尔尼，左脚低射远角得分助法国队完成逆转。更神奇的是，图拉姆为国征战的总共142场只进了这2粒进球。

"那一刻我不知道自己是谁、在哪里，我有点恍惚。"图拉姆后来描述了那个时刻的情绪。比赛结束，法国队确认进军决赛，队友们把图拉姆扛在肩上走下球场。"图拉姆当总统！"他们大吼。

1998年7月12日，第16届世界杯足球赛决赛在巴黎举行，由东道主法国队对卫冕冠军巴西队，法兰西大球场内座无虚席。法国总统希拉克、新老国际足联主席布拉特、阿维兰热等要人悉数出席。法国队尽管是在家门口作战，但他们并不被看好。"桑巴军团"主帅扎加洛谈到法国人的主场优势时说："巴西队4次夺得世界杯都在国外，我们已做好了迎战看台上 8 万观众的准备，因为我们明白，在我们身后有 1.6 亿巴西人。"

扎加洛有理由自信，卫冕冠军阵中拥有罗纳尔多、贝贝托这样的进攻天才，中场邓加、里瓦尔多坐镇指挥，就连后防线上都有卡洛斯这样的重炮攻击手。尽管小组赛意外负于挪威队，但"桑巴军团"进入淘汰赛后渐入正轨，连克智利队和丹麦队，并在点球大战中淘汰荷兰队晋级决赛。

大战一触即发，意外却在这时候发生了，赛前罗纳尔多突然昏厥，巴西队顿时手足无措，要知道"外星人"在球队通往决赛的道路上已经打进 4 球，并有 3 次助攻，他的重要性不言而喻。由于罗纳尔多的一再要求请战，扎加洛最终派遣"外星人"首发。后来的事情，全世界球迷都看在眼里，罗纳尔多虽然首发出战，但是却魂不守舍，巴西队其他队员也一起陷入低迷。

比赛一开始，法国队就出乎许多专家的预料，仍同前几场一样全线压上进攻。开赛仅 5 分钟，吉瓦尔什就丢掉了两个好机会，德约卡夫也有一次在无人防守的情况下头球攻门偏出。巴西队的两个前锋贝贝托和罗纳尔多几乎摸不着球。

转折出现在第 27 分钟，齐达内接佩蒂特发出的角球，避开莱昂纳多的防守，以一记有力的冲顶先拨头筹——他用自己并不擅长的头球为球队叩开了胜利之门。此后，法国人的进攻一浪高过一浪，佩蒂特的射门打在巴亚诺的身上稍稍偏出；吉瓦尔什面对塔法雷尔的射门太轻被扑出。

中场休息前，齐达内再次展现了自己的头球能力，这次他接德约卡夫在左侧开出的角球顶穿了卡洛斯两腿之间的"小门"。

扎加洛在下半场开始用德尼尔森替下了莱昂纳多，巴西队的攻势略有起色。第 58 分钟，罗纳尔多第 1 次在禁区内小角度射门，但被巴特斯扑住。6 分钟后，吉瓦尔什再次错失良机，他带球突破后面对塔法雷尔将球打高。

第四章 / 黄金一代　　　　　　　　　　FRANCE NATIONAL FOOTBALL TEAM

这是他本场比赛第3次错失破门良机。

第68分钟，德塞利由于铲抢卡福犯规被出示第2张黄牌罚下场，成为世界杯历史上第3位在决赛中被罚下场的球员。即便多一人作战，巴西人的进攻依旧鲜有威胁。罗纳尔多犹如

梦游、里瓦尔多陷入包围、贝贝托显出老态，换上场的德尼尔森虽然花哨却无实效。

第90分钟，法国队给了巴西队最后的一击，也为这场法国足球历史上最辉煌的胜利画上句号。佩蒂特带着飘飞的马尾辫冲入前场，将球送入了巴西队大门的远角，3比0！东道主用最不可思议的方式献上了一场具有震撼力的决赛。

终场哨响，当德尚从法国总统希拉克手中接过大力神杯，然后将它高高举起时，整个法兰西民族都沸腾了，这是他们第一次把自己发明的世界杯捧在手里。从科帕、方丹到普拉蒂尼、帕潘，几代法国足球人梦寐以求的事情终于在这一天成为现实。

夺冠当晚，超过100万人涌上香榭丽舍大道，人们相互拥抱、亲吻。齐达内头像被投射到了凯旋门上，背景则是法国国旗的三原色——蓝、白、红。这名伟大的10号像上帝一样注视着在香榭丽舍庆祝的球迷们。他成为继科帕、普拉蒂尼和帕潘之后第4位获得金球奖的法国人。这一年年底，他又将世界足球先生的荣誉收入囊中。

金球制胜

世界杯夺冠后,雅凯急流勇退辞去法国队主教练职位。从开始时饱受争议、嘲讽、甚至污蔑,到逐渐被大众褒扬、赞许,直到最后完成彻底征服,雅凯执教法国队的4年光阴历尽了世间冷暖。"我只希望人们把我看作是一个诚实的人。"这是雅凯在法国夺冠之后向公众道出的心声。时至今日,他仍然是法国足球公认的历史上最伟大的教练。

从幕后走到前台的勒梅尔在很长一段时间内被视为只是其前任的"克隆",相同的阵容和不变的战术,再加上上任之初在欧洲杯预选赛面对冰岛队、俄罗斯队和乌克兰等队跌跌撞撞的表现,勒梅尔并未能迅速树立起不容动摇的威信。

2000年夏天,人类进入21世纪后的第一个足球盛宴在荷兰和比利时两国同时拉开大幕,这是欧洲杯历史上第一次由两个国家联合主办。直到今天,在很多人看来,2000年欧洲杯是史上最精彩的一届,在那个众星云集、高举进攻大旗的年代,足球走进了无数人的灵魂深处。

作为世界杯冠军,法国队的上上下下都承担着很大的压力。"打天下容易守天下难。"勒梅尔接过的虽然是一支豪华之师,但在他肩头的担子也同样重得惊人,他需要用成绩证明自己。

自从接过帅印后,勒梅尔从来就没有大张旗鼓地搞变革,防守型球员在场上仍占多数,而齐达内也仍然是法国队的进攻核心。与两年前的世界杯相比,勒梅尔的欧洲杯名单仅变动了4人,后卫线还是世界杯的原班主力人马,在皇马踢得风生水起的阿内尔卡终于有机会为国出征。除了他之外,另3位"新人"是拉梅、维尔托德和米库德。

欧锦赛上,法国队与丹麦队、捷克队以及荷兰队分在一组,这是名副其实的"死亡之组"。勒梅尔的球队开局相当强势,3比0终结了丹麦队童话延续的可能,随后又2比1把捷克队送上了回家的航班。

两战全胜后,法国队已经锁定了一个8强的席位。小组赛末战,轮换了齐达内和多名主力球员的法国队迎来了强大的荷兰队,"高卢军团"在两度领先的大好局面下被对手3比2逆转,最后屈居小组第二。

　　法国队在 1/4 决赛中的对手是西班牙队,当时的"斗牛军团"拥有劳尔、耶罗、瓜迪奥拉等球星。两支强队实力相差无几,场面势均力敌。齐达内任意球首开纪录,门迭塔点球扳平比分,德约卡夫再度超出。下半场,勒梅尔全线回防,法国队陷入被动。第 89 分钟,著名的意大利光头裁判科里纳判给西班牙队一个救命点球,然而劳尔却将球踢飞,法国队涉险过关。

　　半决赛中,法国遭遇菲戈领衔的葡萄牙"黄金一代"。第 19 分钟,努诺·戈麦斯禁区前沿得球后突然转身左脚扫射,巴特斯猝不及防,葡萄牙队以 1 比 0 领先!法国队并不慌张,下半场开始不久,亨利接到阿内尔卡的传球巧射得手,1 比 1!

　　双方此后陷入缠斗,直到加时赛也无法改写比分,看起来点球大战已是在所难免。然而加时赛第 116 分钟,维尔托德底线抽射打到了沙维尔手上,裁判在边裁的示意下判罚点球,葡萄牙球员怒不可遏,菲戈甚至愤怒地提前退场。齐达内罚进了那记著名的"金点球",法国人挺进决赛。

法国人与意大利人会师决赛,奉献了那届欧洲杯最经典的一场比赛。赛前,布兰科再次亲吻了巴特斯的光头,也拉开了一场苦战的序幕。德尔维奇奥为意大利首开纪录,之后一直到比赛的第93分钟,费耶诺德竞技场的记分牌都没有发生过变化。

替补席上的意大利球员已经站了起来,准备跑进场内庆祝胜利。然而,就在全场补时最后一分钟,奇迹发生了,巴特斯大脚开出全场最后一个门球,卡纳瓦罗头球解围失误,维尔托德的小角度射门洞穿了托尔多的十指关,法国队起死回生。

进入加时赛,毫无心理准备的意大利队再遭重创。第113分钟,皮雷左路突破助攻特雷泽盖,后者攻入欧洲杯历史上最著名的金球,比赛旋即结束!法国队成为首支夺得世界冠军两年后又问鼎欧洲杯的球队。这场戏剧性的决赛,为这届经典的欧洲杯画上完美的句号。

终场哨声吹响的一刻,守在电视屏幕前的近2500万法国球迷所见到的不仅是德尚和他的伙伴们溢于言表的幸福,更是曾经受过质疑甚至批评的勒梅尔无比坚定的表情。当法国队队长德尚高高举起奖杯,当齐达内在普拉蒂尼的注视下,站在欧洲之巅,时任国际足联主席布拉特对着镜头微笑着说:"这是属于足球的胜利。"

第四章／黄金一代　　　　　　　　　　　　FRANCE NATIONAL FOOTBALL TEAM

这一夜，勒梅尔和他的球队登上了辉煌的顶点，这是法国足球的黄金时代，这也是齐达内的黄金时代，尽管当年的欧洲金球奖被菲戈摘走，但是齐达内又一次获得了世界足球先生。

欧洲杯后，勒梅尔并没有像他的前任那样急流勇退。不过，他的两位核心球员——为法国队效力 103 场的老队长德尚和 97 场的"总统"布兰科相继告别绿茵场。从雅凯到勒梅尔，法国队统治世界足坛的几年时间，强大的中后场起到了关键性作用。德尚和布兰科，一个是无可争议的超级领袖，另一个是后防线上的定海神针。

2001 年，法国队以世界杯、欧洲杯双料冠军的身份参加了在韩日联合举行的联合会杯，这是 2002 年世界杯重要的预演。勒梅尔在为世界杯演练阵容的同时也做出了部分轮换，皮雷、利扎拉祖、德塞利与阿内尔卡进入大名单，而齐达内、亨利、巴特斯与特雷泽盖等主力并未随队前往亚洲。

法国队以 5 比 0 和 4 比 0 轻松战胜了韩国队和墨西哥队进入半决赛。半决赛面对老对手巴西队，法国人延续了自己桑巴克星的角色，以 2 比 1 将对手送入三四名争夺战。决赛中，"高卢雄鸡"依靠维埃拉的一锤定音击败"黑马"日本队，3 年内实现了世界杯、欧洲杯、联合会杯的大满贯。

重演滑铁卢

2002年5月15日,在格拉斯哥的汉普顿公园球场进行的欧冠决赛上,齐达内一脚天外飞仙帮助皇家马德里队以2比1击败勒沃库森队,拿到了队史第9座大耳朵杯。此时,距离韩日世界杯揭幕战只剩半个月,核心球员状态上佳,外界也一致看好"高卢军团"的卫冕前景。克鲁伊夫甚至表示,虽然有几支球队会争夺最后的冠军,但笑到最后的还是法国人。

与4年前雅凯那支冠军之师不同,勒梅尔的23人大名单坐拥三大联赛射手王:海布里之王亨利是英超金靴、特雷泽盖是意甲金靴,西塞是法甲金靴。稍显遗憾都是,勒梅尔一手打造的新王牌皮雷因为伤病没能来到亚洲,取而代之的是34岁的老将德约卡夫。

与豪华攻击线相比,法国队后防线上还是那群老面孔。勒梅尔将33岁的德塞利、33岁的勒伯夫、32岁的利扎拉祖以及31岁的佩蒂特都带到了亚洲,这也为卫冕冠军的防守埋下了隐患。

出征亚洲前,法国队在本土进行的两场热身赛中未尝胜绩,先是与俄罗斯队互交白卷,随后又以1比2负于比利时队。抵达韩国后,法国队与东道主进行了揭幕战之前的最后一场热身赛,然而事后证明这场比赛的代价太大了。

年迈的后防线在比赛中暴露出不少漏洞,法国队一度以1比2落后对手,尽管勒梅尔的球队最终3比2逆转获胜,但中场核心齐达内却在比赛中不慎受伤,他只得一瘸一拐地走下球场,此时距离世界杯开幕已经不到一周的时间了。第二天,从时任法国足协主席西蒙内那里传出了一条令法国媒体和球迷们都感到失望的新闻:"我有件稍稍有些令人担忧的事情要说:根据X光扫描后的诊断,我被告知齐达内将会缺席世界杯小组赛的前两场比赛。"

5天后,在首尔的世界杯球场6万多名球迷的注视下,2002年韩日世界杯揭幕战在当地时间晚上6点半打响。这是世界杯的足迹第一次拓展到亚洲,对于欧洲的观众来说他们此前从未有过时差如此之大的观赛体验,比赛的时间从欧洲地区通常的午后以及傍晚时分切换至早晨。

比赛的走势出人意料,在塞内加尔一次次极富冲击力的攻势面前,卫冕冠军老迈的防线开始显得力不从心。第30分钟,德约卡夫在中场被迪奥断球,他还没有回过神来,皮球已经到了迪乌夫脚下,他的传中球找到了迪奥普,后者则是铲射破门。法国队这边并非没有机会,但特雷泽盖和亨利的射门都是被门框拒之门外。

终场哨响,法国队被首次参加世界杯的塞内加尔队斩落马下,爆出世界杯历史上一大冷门。不过,这场失利并没有让法国人丧失信心,法国电视一台的主持人甚至乐观地说:"在1990年世界杯揭幕赛上,卫冕冠军阿根廷队也是以0比1输给第一次打入世界杯决赛圈的喀麦隆队,但最后阿根廷队还是进入了决赛。"在场下坐着看完整场比赛的齐达内也没有受到失利的影响,"无论面对怎样的困难,我们会一如既往地向世人展现世界杯冠军的风采。"

6月6日,法国队迎战小组赛第二个对手——乌拉圭队。勒梅尔换掉了老将德约卡夫,换上效力于不莱梅的前腰米库。在1999年首次代表法国出场后,米库就一直被誉为"齐达内二代",他的个人技术十分出色,传球意识好,勒梅尔也是想到了这一点,他正是希望米库能够在齐达内缺席的情况下展现出自己的才华,但可惜的是米库终究不是"齐祖"。

在开场后的围攻未果后,霉运再次找上了法国人。第 17 分钟,36 岁的勒伯夫腹股沟受伤,勒梅尔不得不派上坎德拉,同时将图拉姆调到中路同德塞利搭档——这与法国媒体赛前设想的法国队理想阵容相同。坎德拉的上场果然激活了法国队的右路进攻,但另一个意外又发生了:亨利在一次铲球过程中动作过大,被来自美洲的主裁判红牌逐出场外。从这一刻开始,法国人就失去了对比赛结果的掌握。乌拉圭人开始活跃起来,雷科巴一个人就制造了三次致命威胁。若非巴特斯表现神勇,法国人在上半场结束后就已经可以打道回府了。下半场,乌拉圭队又错过了两个打空门的机会,两队最终以 0 比 0 互交白卷。

两轮过后,上届冠军仅收获 1 个积分。而在此之前,很多人都觉得他们应该能够全胜出线的。然而事已至此,法国人必须要在最后一轮净胜丹麦队两球才能继续留在世界杯的舞台上。

最后一轮生死战,勒梅尔派出了尚未完全伤愈的齐达内,至于上一场比赛吃到红牌的亨利只能作壁上观。虽然说齐达内在这场比赛中表现得非常努力,但由于他的身体状态远没有达到比赛的要求,所以他的情况也不是那么理想。最终丹麦队凭借罗梅达尔和托马森在上下半场的两粒进球以 2 比 0 完胜法国队。

3 场比赛未尝胜绩且一球未进,3 大联赛最佳射手颗粒无收,卫冕冠军以一种近乎耻辱的方式结束这次远东之行。1815 年 6 月 18 日,拿破仑在小镇滑铁卢遭遇了自己一生中最惨痛的失败。187 年后的 2002 年 6 月 11 日,一支已经在世界之巅站立了 4 年的球队坍塌了。

两天后,在巴黎罗西机场欢迎法国队归来的人群中,已经有球迷对法国足协主席西蒙内高喊:"勒梅尔下课。"然而,勒梅尔并不打算引咎辞职,他和法国足协的合同要到 2004 年。

不过,该来的总会来,20 多天后,西蒙内在新闻发布会上宣读了决定:"勒梅尔先生有两个工作,一个是在全国技术委员会中的,另一个是作为国家队主帅。现在,联合理事会决定解除他的后一个职务。"这标志着持续了 4 年的"勒梅尔传奇"到此画上了一个句号。

黑马垫脚石

西蒙内打破了法国队历来由助理教练接班的传统，宣布率领里昂连续夺得法甲冠军的主帅桑蒂尼成为"高卢军团"新任主教练，合同只有两年。50岁的桑蒂尼将率领法国队征战2004年欧洲杯。此次他得以当选法国国家队主教练，离不开普拉蒂尼的鼎力支持。

桑蒂尼在上任之后就展现出了强硬的态度："队员们必须完全理解我的思路。即便是尤文图斯队的一员，也无法确保在国家队主力位置。"阿内尔卡不幸撞上了枪口，当年的11月，他拒绝出战对阵塞黑队的友谊赛，桑蒂尼气得够呛，自此再也没用过他。

2003年联合会杯是法国队的正名之战，作为东道主，桑蒂尼的球队渴望一雪世界杯的耻辱，证明自己依然是世界上最强大的球队之一。由于西甲联赛还没结束，齐达内没有入选法国队大名单。

齐达内的缺席成全了亨利的高光表演，首战面对哥伦比亚队，他点球打入全场唯一进球，在轻取新西兰队的比赛中，亨利则用并不擅长的头球拉开了法国队大胜的序幕。

喀麦隆队球员维维安福的猝死给这届赛事蒙上了一层悲伤的色彩，亨利在半决赛击败土耳其队的比赛中进球后将手指向天空，感动全世界。随后的决赛里，亨利在加时赛中幸运地打进金球，帮助法国队成功卫冕。进球后的亨利与喀麦隆队的球员紧紧拥抱，这或许是一次最特别的颁奖仪式，冠亚军球队同时站在了一起。

法国队走出了2002年世界杯失利的阴影，他们在欧洲杯预选赛中势不可挡，以全胜出线战绩昂首杀进决赛圈。桑蒂尼的球队一度取得了14连胜的纪录，于是，2004年欧洲杯前，摆在法国足协面前一个难题——是否给桑蒂尼一份续约合同。

当时，法国足协在对待续约问题上采取了审慎态度——2002年世界杯前他们为勒梅尔提供了一份到2004年的续约合同，谁想法国队惨败韩日，此后勒梅尔拒不辞职，害得法国足协赔了一大笔"遣散费"用以解除合同，沦为一时笑柄。桑蒂尼与法国足协的合同在2004年6月30日到期，而让人啼笑皆非的是，欧洲杯决赛被安排在7月4日。

第一次续约请求被拒绝后，桑蒂尼便开始逐渐与欧洲俱乐部进行接洽。其中早在4月便找到桑蒂尼的热刺最有诚意。原本桑蒂尼更多的是希望借热刺的邀请函向法国足协

第四章/黄金一代　　　　　　　　　　　FRANCE NATIONAL FOOTBALL TEAM

施压，但随着西蒙内再度拒绝了他的续约请求之后，桑蒂尼终于选择了放弃。于是，法国队一场欧洲杯没打，桑蒂尼已经确定这届杯赛后前往北伦敦执教。"我曾经渴望续约，但现实对我说了声'不'。我不得不为自己的未来做打算——这就是人生！"

　　法国队在一种奇怪的气氛下开启了欧洲杯之旅。首战英格兰队，是双方近年来的一次经典交锋。兰帕德接贝克汉姆斜传为英格兰队先拔头筹，此后巴特斯将小贝的点球拒之门外，"三狮军团"一直保持1比0到90分钟。补时阶段，齐达内站了出来，短短的3分钟内，他通过任意球和点球连入两球，法国队逆天地以2比1拿下比赛。这场逆转提升了法国队的士气，在第二轮2比2战平克罗地亚队后，凭借着齐达内的进球和亨利的"梅开二度"，卫冕冠军以3比1力克瑞士队，以小组头名晋级8强。

　　1/4决赛的对手是"大黑马"希腊队，希腊队原本与西班牙队、俄罗斯队以及东道主葡萄牙队分在一起，在很多媒体眼中，希腊队小组出线都是奢望，但他们首战2比1爆冷击败葡萄牙队，随后又1比1逼平西班牙队，尽管最后一轮小组赛1比2输给了俄罗斯队，但他们最终还是力压西班牙队，与葡萄牙队携手出线。

　　然而，法国队又一次扮演了"黑马垫脚石"的角色，就像1992年成全丹麦童话一样。希腊人密不透风的防守让齐达内领衔的攻击群无可奈何，查理斯特亚斯的进球则让"高卢雄鸡"低下了高贵的头。

91

不完美谢幕

从葡萄牙铩羽而归后，法国队新帅人选成为热门话题。当时，普拉蒂尼和西蒙内分别代表着法国足坛的两股势力，双方都有各自心仪的人选。局面僵持不下时，雅凯站了出来，这位冠军教头将执教法国国青队11年之久的多梅内克推向了前台。

多梅内克上任后，力推年轻化改革，提拔了一批在法甲联赛中涌现出的新人，阿比达尔、里贝里、斯奎拉奇、马武巴和埃弗拉等后来的主力球员第一次穿上了法国队球衣。这一举措得到了从法国足协到球员所给予的广泛认可，人们希望他能给沉闷已久的法国国家队带来生机，但这也预示着以齐达内为核心的老将们逐渐淡出国际舞台。

然而，事与愿违。2006年世界杯预选赛，法国队与瑞士队、以色列队、爱尔兰队、塞浦路斯队和法罗群岛队同组，4场比赛过后，多梅内克的球队1胜3平排名第4，出线形势极为严峻。危急时刻，多梅内克不得不再次请出齐达内、图拉姆、马克莱莱等功勋老将出山。法国队在最后阶段顶住了强大的压力，压倒瑞士队和爱尔兰队获得小组头名直接进军德国。

2006年5月15日，多梅内克公布了德国世界杯23人大名单，皮雷、米库、久利和阿内尔卡在内的大批名将落选。这份名单中齐达内、图拉姆、维埃拉、特雷泽盖和亨利5人参加过1998年世界杯，加上马克莱莱、维尔托德、库佩等老将，这支法国队的平均年龄已经超过了30岁。经过两年多时间的准备，多梅内克已经彻底改变了其在上任伊始喊出的要年轻化的口号。

在经历了2002年世界杯和2004年欧洲杯连续两届失败的大赛后，出现在德国世界杯上的法国队并不被人们看好，而小组赛中的跌跌撞撞也似乎印证着这样的观点。

首场比赛对阵瑞士队的表现可谓乏善可陈，两队0比0互交白卷。与韩国的比赛，法国队状态有所好转，亨利第9分钟破门，打破了法国人在世界杯上连续370分钟不进球的尴尬。但此后多梅内克的战术变得保守，一直积极的韩国人终于在第81分钟靠朴智星的进球将比分扳平，这使得韩国队2战1胜1平积4分占据主动，两连平的法国队最后一战必须死拼多哥队。

第四章/黄金一代　　　　　　　FRANCE NATIONAL FOOTBALL TEAM

最后一轮与多哥队的生死战，齐达内累积两张黄牌停赛。比赛前 55 分钟气氛诡异，特雷泽盖、亨利、里贝里的轮番射门无一中的，法国队就像中了邪，多梅内克站在场边焦躁不安。接过齐达内的队长袖标的维埃拉成为救世主，第 56 分钟，他从中圈冲入禁区，护住球后转身破门，为法国队打开了胜利之门。6 分钟后，又是维埃拉抢点头球摆渡给亨利，在被对手狠狠撞翻在地后，他躺在那里目送亨利锁定胜局。

以小组第二的身份挺进 16 强后，法国队又遇见了 8 年前的对手——西班牙队。齐达内解禁复出，重新焕发了青春。当时，阿拉贡内斯率领的"斗牛士军团"已经展现出冠军潜质，法国队在完全不被看好的情况下爆出冷门。上半时比利亚命中点球，但里贝里中场结束前将比分扳平。下半时后半段，齐达内真正登上了舞台中心，他主罚的任意球制造了混乱，维埃拉随即打进了关键的反超进球。最后时刻，齐达内从中场突破，扣过了巴萨对头普约尔后，又用一脚低射骗过了皇马队友卡西利亚斯破门。齐达内又进球了！上一次人们这样欢呼，还是 1998 年法国队 3 比 0 击败巴西队的决赛。

进入 8 强后，法国队的对手是上届冠军巴西队。马克莱莱和维埃拉后腰组合成了最坚固的堡垒，巴西队大罗、小罗、卡卡领衔的豪华攻击群，在法国队钢筋铁骨般的中后

场面前，全场只有一次射门打正。齐达内再现大师风采，67 次传球、全场第一；4 次威胁性传球、全场第一；1 次美妙的弧线助攻；3 次"马赛回旋"的过人动作。第 57 分钟，他的精彩任意球助攻亨利攻破了巴西大门。就连球王贝利也被他征服："齐达内是'魔术师'，他一点不比 8 年前差。"

半决赛的对手是菲戈领衔的葡萄牙队，这是 C 罗与齐达内的首次邂逅。比赛的第 32 分钟，亨利接到马卢达传球后突

93

高卢战纪 法国传

入禁区，葡萄牙后卫卡瓦略伸脚将其放倒，主裁判拉里昂达判罚了点球。齐达内不负众望，将球打进了球门的右下角，法国队以1比0取胜晋级决赛。赛后，齐达内和菲戈紧紧拥抱，两位足坛艺术大师都将在世界杯后告别叱咤多年的国际足坛。

2006年7月10日，世界杯决赛在柏林奥林匹克球场打响。从小组赛两连平开始，人们便一直在准备告别齐达内，但告别仪式一直拖到了世界杯的最后一天。如今，他有机会用第二个世界冠军为自己的球员生涯画上完美的句号。

决赛的剧本也在朝着这个方向发展，第7分钟，马卢达突入禁区被马特拉齐放倒，裁判判罚了点球。随后，令人不可思议的事情发生了，齐达内竟然在亿万人的瞩目下罚出了一个勺子点球，皮球在砸到横梁后完全越过门线，世界级门将布冯对此毫无反应，法国队以1比0取得领先。

10分钟后，意大利人扳平了比分。皮尔洛主罚右侧角球右脚开门前，马特拉齐在门

前6米处高高跃起力压维埃拉头球攻门破网完成救赎。90分钟后，比分依然保持为1比1平，两队进入加时赛。

加时赛中，齐达内原本有机会杀死比赛。他在重围中的分球找到了萨尼奥尔，随后前插进入禁区接应传中，强力头球——只可惜，门前的布冯做出了一次世界级的扑救。

仅仅5分钟后，令全世界震惊的一幕发生了：当时法国队的进攻被化解，齐达内和马特拉齐都在向回走，一切看上去没有异常。突然，齐达内变得非常冲动，犹如一头愤怒的公牛，用头狠狠地撞向马特拉齐，后者随之痛苦

倒地。

"埃利松多，埃利松多，我看见了。齐达内暴力头顶马特拉齐，就顶在胸口。"埃利松多从耳机中听到了第四裁判的声音，于是他走向齐达内，接下来发生的一切正如你所知道的，齐达内被红牌罚下，一代大师以这种方式结束了自己的职业生涯，他与大力神杯擦肩而过的那一幕永远留在了人们的记忆中。

中场核心意外离场，原本局面占优的法国队被意大利队拖入点球大战。特雷泽盖将球踢向横梁，意大利队无一失手，格罗索射入决定性点球，法国队收获一场苦涩的失利。赛后在更衣室里，齐达内自责地说："原谅我，结果已经无从更改，但我向你们每个人道歉。"

第二天，希拉克在爱丽舍宫接见了从德国归来的"高卢军团"，总统先生高度赞扬了齐达内："我想对他表示我最大的敬意，他身上体现了人们可以想象的最好的体育和人文价值。他是法国的骄傲。"

人们好奇的是，马特拉齐究竟说了什么？齐达内后来解释说："最开始就是他不断地拽我的球衣，我和他说你不要再拉了，如果你想要我的球衣比赛之后可以交换。然后我就跑开了，他却嘴里不断地在说着一些我非常难以接受的话，说到了我的母亲、姐姐，而且重复了很多遍。"

从德国饮恨归来后，法国队失去的除了大力神杯还有核心人物齐达内。法兰西足球过去一百多年的兴衰荣辱，全仰仗一个又一个的英雄式人物。而齐达内退役后，光辉岁月转瞬即逝，法兰西在足球场上开始变得步履蹒跚。

迷信星相学的多梅内克获得了续约合同，却在 2008 年欧洲杯输得一塌糊涂。亨利的"上帝之手"让"高卢雄鸡"以一种不光彩的方式拿到世界杯入场券，却在南非爆出了内讧、罢训的丑闻，沦为全世界的笑柄。2012 年欧洲杯，布兰科的球队又习惯性内讧，这是法国足球最混乱的时期。

第五章
星际迷航
2007—2012

高卢战纪 法国传

"上帝之手"

世界杯亚军的成绩让多梅内克成功续约到 2010 年，他肩负着组建一个全新国家队的重任。然而，尝到了重用老将甜头的多梅内克却不再热衷于提拔新人。于是，在他的极力挽留下，图拉姆和马克莱莱重新回到法国队。

2006 年下半年开始的欧洲杯预选赛，法国队和意大利队分在同一组。同组的还有苏格兰队和乌克兰队两个难缠的对手。法国队高开低走，先是以 3 比 1 击败意大利队，报了世界杯失利之仇。随后的 6 轮，法国队 5 胜 1 负居 B 组首位，第 8 轮法国队客场与意大利队握手言和，出线前景已是一片光明。接下来，法国队再次以 0 比 1 的比分负于苏格兰队，最终他们以小组第二的身份拿到欧洲杯入场券。

2008 年欧洲杯由奥地利和瑞士联合主办，分组抽签之前，多梅内克居然一反常态为死敌说话，炮轰欧足联决赛圈种子制定制度不合理，他坚决倡议将世界冠军意大利队列入种子队。反倒是意大利人很淡定，多纳多尼教练直言："无论如何我们都是强队，必须接受这些规则。"

果不其然，法国人最担心的事情还是发生了。小组赛抽签结果：法国队与世界冠军意大利队、荷兰队以及穆图、齐沃领衔的罗马尼亚队同组，名副其实的"死亡之组"。对于法国足球来说，2008 年欧洲杯几乎是 2002 年世界杯的噩梦重现。首战 0 比 0 平罗马尼亚队，次战以 1 比 4 遭荷兰队血洗，吃到了50年来正式比赛最惨痛败仗，最后一场又以0比2不敌意大利队。

更让人不可思议的是，56岁的多梅内克在发布会上回答有关他未来计划的问题时语出惊人："我现在只有一个计划，那就是和丹尼斯结婚，就是今晚，我要向她求婚。"此言一出舆论一片哗然，多梅内克帅位岌岌可危。

于是，在欧洲杯激战如火如荼之际，法国队却在为国家队选帅头疼，包括亨利、里贝里在内的多位国脚公开支持多梅内克，而齐达内则给德尚投了赞成票，但前"曼联国王"坎通纳认为，法国队如果不改变足球理念，换谁执教也没用。最终，在普拉蒂尼、雅凯等人的力挺下，多梅内克保住了帅位。听到这一消息后，30岁正值当打之年的特雷泽盖立即做出了退出国家队的决定。

法国队2010年世预赛之路并不顺利，首战以1比3败给弱旅奥地利队一度让多梅内克成为千夫所指的对象，甚至法国多名已退役的功勋球员都站出来号召让其立即下课，

即使在主场以2比1战胜塞尔维亚队也没能改变舆论的导向。最终,法国队在第7小组中取得6胜3平1负的成绩以1分之差位列塞尔维亚队之后。多梅内克的球队必须在两回合的附加赛中战胜爱尔兰队才能获得南非世界杯入场券。

首回合比赛在爱尔兰进行,法国队依靠阿内尔卡的进球1比0小胜,一只脚已经迈向南非,回到主场只要打平就可晋级。4天后,两队移师法兰西大球场再战,凭借罗比·基恩的进球,爱尔兰队用一个同样的1比0还以颜色。双方不得不进入加时赛。第103分钟,全场比赛最大的争议出现:法国队任意球送到禁区内,亨利用左手停球,并顺势用左手将球传给了队友加拉,加拉头球破门!爱尔兰队当即提出抗议,但裁判坚持认为进球有效,法国队总比分2比1淘汰爱尔兰队。

当120分钟比赛结束的哨音响起,多梅内克和他的助手们紧紧地拥抱、欢呼,仿佛球队得到的是世界杯冠军。兴奋并没有持续多久,随之而来的是外界对亨利及法国队铺天盖地的指责。承受着巨大压力的亨利说出了真话:"没错,那是个手球。"在法国电视一台的担任评论员的利扎拉祖直言不讳地表示:"这是一场悲剧,所有的球员都看到了这个手球,唯独裁判没有。"

亨利的"上帝之手"甚至演变为外交事件,法国总统萨科齐最后都不得不站出来道歉。多梅内克或许是那个夜晚最开心的人,他在新闻发布会上大言不惭地说:"主裁判认为这个进球有效,我什么都没看到,我认为那个球没有什么问题。"

第 五 章 / 星 际 迷 航　　　　　　　　　　　　　FRANCE NATIONAL FOOTBALL TEAM

南非闹剧

France

　　多梅内克一系列拙劣的表现和糟糕的率队成绩让他失去了对这支球队的控制力,世界杯之前的4场热身赛,法国队以0比2负于西班牙队,以2比1小胜哥斯达黎加队,以1比1战平突尼斯队,最后一站以0比1爆冷负于中国队。

　　法国队带着一大堆问题来到了南非的世界杯战场,即便如此,"高卢军团"整体实力仍然要强于小组中的乌拉圭队、墨西哥队以及东道主南非队,瘦死的骆驼终归比马要大,就算因种种问题造成难以发挥最佳水准,在外界看来,法国队小组出线至少不应存在太多问题。

　　然而,当首场比赛未能拿下乌拉圭队以后,阿内尔卡随队长埃弗拉、里贝里、加拉等人兵谏多梅内克,要求用亨利和马卢达更换先发阵容当中表现不佳的戈武和古尔库夫。在第二场与墨西哥队的比赛之前,多梅内克"顺应民意"撤下古尔库夫,派上马卢达。

就在这场比赛中,法国队内部矛盾爆发了。在中场休息时,多梅内克一脸铁青地训话,他对阿内尔卡说:"你不要老往回撤,好好待在最前面,争取点效率!否则我就把你给换下来!"阿内尔卡直接恶语相向:"滚蛋,你这婊子养的。"于是,阿内尔卡下半场被摁在板凳上,法国队连丢两球,以0比2完败。

一语激起千层浪,阿内尔卡的话就像点燃法国队更衣室的一颗炸弹。法国足协主席埃斯卡莱特要求他当着多梅内克以及23名法国队员面正式道歉。但这位充满个性的前锋表示他可以向队友道歉,但绝不会向多梅内克道歉。在多方游说未果的情况下,法国足协最终做出开除阿内尔卡的决定。

人们都以为法国队内的混沌状态会告一段落,没有想到的是更大的风暴还在后面。埃弗拉在训练场上与体能教练发生言语冲突,然后留下一封全队签名的信件后,带领所有球员返回大巴,用罢训的方式声援被开除出队的阿内尔卡。

随后,众多媒体蜂拥而至,在训练基地上,多梅内克宣读了一份法国队全体队员联合发表的声明:"所有队员反对法国足协开除阿内尔卡的决定,因此我们做出了今日拒绝训练的决定。法国足协没有尽到保护球队的责任,他们将事情公布给了媒体。不过球队接下来仍会竭尽全力,帮助法国队在与南非队的最后一轮小组赛中维护球队的尊严。"

法国足协秘书长瓦伦丁在协调无效后宣布辞职,一时间,引起轩然大波。临战前夜,

第五章 / 星际迷航　　　　　　　　FRANCE NATIONAL FOOTBALL TEAM

法国体育部长巴舍洛到法国队驻地进行了一番声情并茂的演讲,法国总统萨科齐委托巴舍洛摆平法国队的内讧丑闻,巴舍洛说:"球员们为我鼓掌,他们中的很多人都流泪了。我问他们:'你们希望人们记住你们什么?你们希望留给世界怎样的印象?'"

然而,体育部长这番慷慨激昂的演讲并没有激发球员们战斗欲望,内讧将原本已经步履蹒跚的"高卢雄鸡"拖向更深的深渊。更换了6名首发的法国队仍然以1比2不敌东道主南非队,小组赛3战1平2负积分垫底,成为历史上第三支小组出局的世界杯亚军球队。

从南非回来后,法国足协迅速解除多梅内克的职务。总统萨科齐甚至亲自会见一些当事人,了解内情。事件主要角色之一的足协主席埃斯卡莱特没过几天就宣布辞职,75岁的他在世界杯前刚刚为法国队成功拿到2016年欧洲杯的主办权,他本想在南非继续自己的政绩工程,没承想竟晚节不保。

两个月后,法国足协宣布:阿内尔卡将受到18场国家队比赛的禁赛处罚,埃夫拉被禁赛5场、里贝里被禁赛3场、图拉朗被禁赛1场。对此,阿内尔卡嗤之以鼻:"那些人都是跳梁小丑,他们的表现让我快笑死了。"

事已至此,探究孰是孰非已经不重要,2010年南非世界杯无论如何都是法国足球史上的悲惨一页,他们唯一能做的就是尽快翻篇,从丑闻中重生。

噩梦重演

在经历了世界杯小组赛一场不胜的耻辱及国家队罢训内讧等风波之后，重现法国足球昔日的荣耀成了法国社会关注的焦点。布兰科取代多梅内克成为法国队主教练是摆脱梦魇的第一步。

作为球员，布兰科是法国足球界的成功代表，他是1998年世界杯和2000年欧洲杯法国队夺冠的绝对主力。2003年退役后，布兰科转型当上主教练，他执教的第一支队伍便是波尔多队，第二个赛季便率队夺得法甲冠军。仅仅执教两年，布兰科已经成为法国公认的最好的教练，在2009年法国最佳教练评选上，他甚至压过了教授温格。

布兰科上任之后的首场比赛是客场与挪威队的友谊赛，为了给罢训球员一点教训，布兰科和法国足协达成一致，新一期名单没有招入任何一名参加过南非世界杯的球员。布兰科需要一场胜利让法国队反弹，并以此告诫那些正在反省中的大牌：没有了你们，

法国队照样能赢球。

不过,布兰科的决心没有换来一场胜利,新法国队很有朝气,并由替补出场的本阿尔法首开纪录。但挪威队随后两球逆转,让布兰科的处子秀以失败告终。

与挪威队的热身赛后,法国队踏上了2012年欧洲杯预选赛之旅。布兰科上任以来首场正式比赛遭到白俄罗斯队当头一击,以0比1败给这支"鱼腩之师"。

布兰科再不敢怠慢了,他招回了参加过世界杯赛的9个人。与塞黑队的第二场比赛,本泽马和马卢达各进一球,布兰科迎来上任之后的首场胜利。接下来,法国队以两个2比0分别战胜罗马尼亚队和卢森堡队,布兰科的球队终于走上了正轨。

随后的两场热身赛,法国队在温布利大球场以2比1击败英格兰队,又在法兰西大球场以1比0战胜巴西队,"高卢军团"找回了强队本色。接下来的预选赛波澜不惊,布兰科的球队最终在预选赛中6胜3平1负,最后一轮1比1战平直接竞争对手波黑队,以小组头名出线。

进入2012年,法国队在欧洲杯前的4场热身赛保持全胜战绩,其中不乏2比1战胜强大的德国队,正是在这场比赛中吉鲁打进了国家队处子球,布兰科的球队在欧洲杯前已有21场不败的纪录了。

2012年欧洲杯法国队被分在了D组,与之同组的还有英格兰队、瑞典队以及东道

主之一的乌克兰队。首战"三狮军团",纳斯里打入一记扳平比分的进球,做出了"闭嘴"的手势,他的动作是针对法国《队报》的一名记者。由于纳斯里在国家队的表现并不让人满意,这位记者经常在文章中批评纳斯里。这一说法也引起了轩然大波,有关法国队再次出现内讧的消息甚嚣尘上。

第二场对阵东道主之一的乌克兰队,梅内斯和卡巴耶的进球帮助法国队2比0取胜,"高卢军团"打破了国际大赛决赛圈8场不胜的尴尬。

最后一场比赛,法国队出人意料地以0比2不敌瑞典队,小组头名优势被英格兰队取代,这不得不让其提早面对世界冠军西班牙队。赛后,法国队更衣室里爆发了激烈的争吵,先是本阿尔法对主教练布兰科过早换下自己不满。在布兰科批评他不该在更衣室打电话后,他公开顶撞说:"你不满意的话,可以把我赶出国家队!"紧接着,多名队员之间相互指责:里贝里指责队友缺乏进取心;纳斯里指责队友不该乱发言论;马卢达指责某些人搞个人英雄主义。各人的言辞非常激烈,甚至差点动了拳头。

唯一经历南非世界杯内讧的老队员马卢达接受记者采访时,心有余悸地表示:"一些不好的迹象让我看到了南非世界杯的阴影再次出现。"

在对阵西班牙队赛前的训练中,全队笑声比以往少了许多。尽管布兰科在赛前表示:"我们没有内讧,只有情绪波动。"但纳斯里、本阿尔法、迪亚拉三大主力,统统被剔除出首发阵容。法国队此前在重大赛事中从未输给过西班牙队,但这一次"法拦西"的

第五章/星际迷航　　　　　　　　　　　FRANCE NATIONAL FOOTBALL TEAM

魔咒却戛然而止。面对统治世界足坛 8 年之久的"斗牛士军团"，法国队又回到了一盘散沙的状态。阿隆索上下半场各进一球，西班牙队毫不费力晋级 4 强，并最终完成卫冕。

这场比赛之后，布兰科的去留也成了问题。法国足协此前曾表示，如果法国队能够在本届比赛中小组出线，那么布兰科就可以获得自动续约。虽然输给西班牙队没什么可指责的，但是法国队暴露出的内讧问题，让人对于他管理球队的能力又产生很大的怀疑。

最终，布兰科拒绝了足协主席勒格埃拉提供的新合同，这位曾经在 1998 年法国队夺冠道路上打进过金球的功勋后卫也未能将"高卢军团"带出泥潭。

"98黄金一代"功勋队长德尚成为法国队新的掌舵人,他带领法国队找回了丢失已久的灵魂。2014年巴西世界杯,法国队空前团结,打进8强,"高卢雄鸡"彻底扭转了过去几年给外界留下的丑陋形象。

　　整个2016年,法国队一共踢了17场比赛,取得了13胜3平1负的战绩。单看数据不可谓不好,但仅有的一场失利就是欧洲杯决赛,德尚的球队错过了时隔16年再次捧起德劳内杯的绝佳机会。

　　过去几年,随着优秀年轻球员的不断涌现,法国队目前可谓人才井喷。洛里斯、科斯切尔尼经验丰富,博格巴和格里兹曼已成中流砥柱,再加上姆巴佩、登贝莱等当红新星,法国队豪华阵容令人羡慕。"高卢雄鸡"剑指2018年俄罗斯世界杯。

第六章
重塑星团
2013—2018

拨乱反正

布兰科从国家队主帅位置上卸任后,法国足协对于谁能接过这个烂摊子也是不知所措。尽管齐达内流露出了执教意向,但法国足协还是选择执教经验更为丰富的德尚作为高卢军团新任主教练。

上任之初,德尚就强调了纪律和荣誉感的重要性,这一点在他的首期集训名单中得以体现,22名球员中有5人是各自俱乐部的队长,萨科是曾经大巴黎队长,此外还有5人在俱乐部任副队长,包括法国队长洛里斯和法国青年队长小卡普,后者与雅莱及瓦拉内一样是首次入选国家队。一些在布兰科时代的"蓝军边缘人"得到了重披蓝衫的机会,包括布里扬、戈米、帕耶和格纳隆,28岁的里尔后腰马武巴是埃弗拉和里贝里之后"高卢军团"年纪第三大的球员,他上一次为国出战要远溯至2007年。

2012年8月16日,法国队在勒阿弗尔的海洋球场与美洲杯冠军乌拉圭队进行了一场友谊赛,德尚迎来执掌教鞭后的首场比赛。面对乌拉圭队顽强的防守,全场控球率高达66%,总共获得12次射门机会的法国队始终破门乏术,本泽马最有威胁的一脚射门还被主场的立柱挡出。不过,德尚在比赛中试验了新阵容与打法,对开始换血的球队来说也算达到了目的。

随后,法国队踏上了巴西世界杯预选赛征程。他们同刚刚蝉联欧洲杯的西班牙队分在一个小组,同组的还有白俄罗斯队、格鲁吉亚队和芬兰队,按规定只有小组第一名才能直接晋级巴西世界杯赛。和前任布兰科崇尚巴萨的快意足球相反,工兵出身的德尚更喜欢实用主义的防守反击。世预赛首战法国队客场以1比0小胜芬兰队赢得开门红,4天后又在法兰西大球场以3比1力克白俄罗斯队。

与西班牙队的直接对话是决定小组名次的关键之战,虽然做客马德里时替补上场的吉鲁于最后时刻打进一球使法国队全身而退,但回到主场后还是被佩德罗攻进了全场比赛唯一进球,法国队不得不通过残酷的附加赛决定自己的命运。

令人意想不到的是,首回合做客基辅的比赛对于法国人来说却是一场灾难——他们在比赛后30分钟连丢两球,中后卫斯切尔尼还在伤停补时阶段吃到了红牌,致使"枪

手"中卫在第二回合的较量中也无法上场。在世界杯附加赛的历史上，此前从来没有一支球队能在首回合两球落后的情况下上演大翻盘，法国队的出线前景蒙上一层阴影。

大约有 77000 名球迷涌入了法兰西大球场观看第二回合的生死之战。从很大程度上来讲，这场比赛的结果也决定着德尚的命运，与首回合相比，德尚更换 4 名首发，科斯切尔尼红牌停赛，阿比达尔也失去位置，中卫搭档换成萨科与瓦拉内。在中前场，本泽马、瓦尔布埃纳、卡巴耶获得出场机会，顶替吉鲁、雷米和纳斯里。顶替科斯切尔尼登场的萨科打开了自己在国家队的进球账户，利物浦中卫凭借两粒宝贵的进球帮助球队以 3 比 0 实现逆转，法国队得以有惊无险地进军巴西。

吸取了过去两届大赛的教训，德尚在圈定巴西世界杯名单时，特意将爱出风头的纳斯里拿下，卡巴耶、格里兹曼和马图伊迪等大批新人成为球队的中坚力量，经历过 4 年前南非之乱的老臣，只有埃弗拉、萨尼亚、洛里斯和瓦尔布埃纳 4 人入选。

2014 年 6 月 15 日，法国队迎来巴西世界杯的首次亮相，他们在整修一新的贝拉里奥体育场迎战洪都拉斯队。赛前发生了一个小插曲，球场音响系统突然"哑火"，例行的奏国歌仪式只能被迫取消，"高卢雄鸡"在沉默中开启了世界杯之旅。

不过，随后的比赛中法国人不再沉默。本泽马成为这场比赛最闪耀的球星，他在上半场点球首开纪录，下半场刚开场他的门前垫射造成对手乌龙，第 72 分钟，本泽马的抽射奠定胜局。这是 27 岁的本泽马参加的第一场世界杯比赛，如此首秀堪称完美。

小组赛次战对阵瑞士队，萨尔瓦多的新水源竞技场见证了一场进球盛宴。吉鲁在第 17 分钟头球破门，打进了法国队在世界杯赛场上的第 100 个进球。本泽马依旧状态火热，

打进一球并助攻两次,瓦尔布埃纳、马图伊迪和西索科都有进球斩获。在里约热内卢著名的马拉卡纳球场,与厄瓜多尔队0比0的平局足以确保法国队以小组头名晋级16强,这支"青年军"用惊艳的表现回击了外界的质疑。

高卢军团1/8赛遭遇"非洲雄鹰",尼日利亚人的大门严守了79分钟后还是被法

FRANCE NATIONAL FOOTBALL TEAM

国队攻破。瓦尔布埃纳主罚角球助攻博格巴打破僵局，补时阶段，又是瓦尔布埃纳的横传造成对手乌龙，"高卢军团"两球完胜晋级8强。

再次回到马拉卡纳球场，法国队在1/4决赛迎来了强大的德国队。比赛第12分钟，德国队通过定位球由胡梅尔斯头球破门，早早取得领先。吉鲁下半场出场制造了多次进球机会，本泽马终场前怒射被诺伊尔奋力扑出，直到终场哨声响起，法国队都没能将比分改写，最终以0比1惜败德国队，无缘4强。

格里兹曼像个孩子掀起了被汗水浸透的蓝色球衣，擦拭着流出的泪水，哭得让人心疼。这支平均年龄只有26.3岁的法国队尽管未能更进一步，却彻底扭转了"高卢军团"过去几届大赛给外界留下的丑陋形象。这一切的最大功臣，就是法国队主帅德尚，这位曾经的铁腕队长，如今的铁血主帅——他以一种法国人骨子里最痴迷的英雄方式回归，带领法国队找回了他们丢失已久的灵魂。

壮志未酬

虽然没能在巴西创造奇迹，但法国队的回暖让人们重新看到了希望。人们没有期望德尚能在短短一个大赛周期里解决法国队的所有问题，但是他已经为法国队的下一届大赛——2016年的本土欧洲杯，夯实了根基。

由于东道主直接晋级决赛圈，"高卢雄鸡"没有欧预赛的比赛任务，为了保持球队状态以及考察球员，法国队在2015年安排了多达10场友谊赛，结果喜忧参半，取得了6胜4负的战绩：开年第一场热身赛就在法兰西大球场吃到败仗，以1比3不敌内马尔领衔的"桑巴军团"，随后战胜西班牙队和葡萄牙队的喜悦又被两场败仗完全冲散了，分别以3比4不敌比利时队和0比1爆冷输给阿尔巴尼亚队。

这一年，球场外也不平静。2015年11月14日，对于法国人来说是个悲伤的日子，这一天时尚之都巴黎血光冲天，梦魇不断。这天晚上，法国队与德国队的友谊赛在法兰西大球场如期进行，在上半场的第17分钟和第19分钟，法兰西大球场周边发生了两次爆炸，通过电视直播可以明显听到爆炸的巨大声响，比赛按计划完成，两支球队踢得人心惶惶，双方球员都无心恋战。这场比赛以法国队2比0战胜德国队收尾，但这一切都已经不重要。法国遭遇了历史上最严重的恐怖袭击，9名凶手先后在巴黎市区多处地点发动袭击，共造成130人死亡、超过400人受伤。

而当法国笼罩在恐怖袭击的阴影之下时，人们对即将于2016年在法国进行的欧洲杯也不可避免地多了一丝忧虑。法国足协主席勒格拉埃坦言："我们已经采取了很多的措施，但是恐怖分子还是随时可能攻击。我们已经在为欧洲担心了，现在更加担心了。而明年欧洲杯的安全问题必须引起重视了，我想这是所有人都很关心的一个话题。"

欧洲杯前，性爱录像带丑闻爆发，本泽马被指控在案件中敲诈队友瓦尔布埃纳。这宗旷日持久的案件使得德尚不得不将本泽马排除欧洲杯23人大名单。在2014年世界杯上一举确立自己进攻核心地位的瓦尔布埃纳也一并落选，其中有案件的关系，更重要的是这名效力于里昂的边锋饱受伤病困扰，导致2015/2016赛季他的上场时间大大缩水，比赛状态难以保证。

第六章 / 重塑星团　　　　　　　　　　　FRANCE NATIONAL FOOTBALL TEAM

法国队怀着忐忑的心情开启了欧洲杯的征程。东道主开局采用的是"433 阵型"，吉鲁出任单中锋，格里兹曼和帕耶分列左右。坎特出现在中场中路，拉米与科斯切尔尼形成新的中后卫组合。揭幕战面对罗马尼亚，吉鲁用一粒进球回报了德尚的信任，这粒进球也彻底引爆了球迷们的激情。但埃弗拉一次漫不经心的铲球却将罗马尼亚人送上了点球点。比分被追平后法国人再度变得焦虑起来，不过帕耶一记石破天惊的世界波让东道主全取 3 分。

虽然首战告捷，但被人寄予厚望的"两大天王"博格巴与格里兹曼整场表现相当平庸，风头完全被坎特与帕耶抢走，这被认为是法国队首战艰难的一大原因。第二轮对阵小组最弱对手阿尔巴尼亚队，德尚将博格巴和格里兹曼放在板凳上。这次变阵并没有改善法国队的进攻，半场过后，德尚不得不推倒自己原先的想法，重新将板凳上的博格巴和格里兹曼派遣上场，马竞神锋第 89 分钟上演准绝杀，补时阶段帕耶锦上添花，法国队实现两连胜。小组赛第 3 场法国队与瑞士队战成 0 比 0，博格巴和帕耶两次击中横梁，

两队分获小组第一和第二,携手晋级 16 强。

淘汰赛的首个对手是爱尔兰队。博格巴开场一次鲁莽的犯规送给对方一粒点球,爱尔兰人带着 1 比 0 的优势结束上半场。中场休息时德尚用科曼换下坎特加强进攻,同时将格里兹曼挪到中路。这次调整立竿见影,从第 57 分钟到第 61 分钟,格里兹曼在短短 4 分钟内头顶、脚踢连入两球,为法国队成功实现了逆转,马赛曲又重新响彻里昂体育场。

法国队 1/4 决赛的对手是"大黑马"冰岛队,后者是淘汰了英格兰队历史性地杀进 8 强。在法兰西大球场的雨夜里,东道主一改"慢热"毛病,在前 45 分钟就由吉鲁、博格巴、帕耶和格里兹曼一气攻入 4 球。冰岛人在下半时打出令人敬佩的顽强和战术素养,扳回两球。吉鲁完成主队最后一击。法国队将在半决赛迎战德国队,那将是一场决赛级别的"强强对话"。

两年前的巴西世界杯上,法国队以一球之差负于后来夺冠的德国队,"高卢军团"为自己的年轻交了学费。此番再度碰面,两支球队的境遇发生了变化,法国队大胜冰岛

队后士气正处在巅峰,德国队与意大利队苦战 120 分钟,最后一个点球淘汰对手,虽然获胜,但却元气大伤。

尽管德国队在比赛中拥有 65% 的超高控球率,但却无法完成致命一击。格里兹曼再度成为球场上的主宰,他在上下半场的两粒进球点燃了马赛维罗德洛姆球场,法国队将世界冠军斩落马下,终结 1958 年以来大赛不胜德国队的历史。

决赛在圣丹尼斯的法兰西大球场打响,人们都认为 C 罗的葡萄牙队会沦为东道主本土夺冠的背景板。然而,一场令人心碎的决赛让法国球迷从天堂跌入谷底,"高卢雄鸡"以一种无比悲壮的方式错过了冠军——加时赛中,葡萄牙替补前锋埃德尔远射一剑封喉,法国队距离完美只有一步之遥。

剑指俄罗斯

法国队近年又迎来了人才的井喷，目前在所有位置上都有不少于一位巨星压阵，全队身价也是令人咋舌。科斯切尔尼、瓦拉内和乌姆蒂蒂都是世界级中后卫，迪涅、西迪贝和门迪也已经取代了年事已高的埃弗拉和萨尼亚完成了新老交替，加上顶级门将洛里斯压阵，法国队这条后防线星光闪耀丝毫不输中前场。

在进攻端，法国队的阵容豪华至极，曼联的博格巴、切尔西的坎特和吉鲁、拜仁慕尼黑的托利索、尤文图斯的马图伊迪、摩纳哥的勒马尔、马竞的格里兹曼、巴黎的姆巴佩、巴萨的登贝莱，基本都是欧洲各路豪强的当家主力。

更关键的是，法国队核心阵容的年龄也相对合理，吉鲁、洛里斯这样的老将压阵带来足够的经验，26 岁的格里兹曼和 24 岁的博格巴已经成为当家球星，以登贝莱和姆巴佩为首的年轻新锐也轮番上位。

不过，作为 2016 年欧洲杯亚军和世界杯的大热门，德尚的球队也并非没有弱点，尽管从阵容上看法国队大牌云集，整体实力非常强大，但"高卢军团"缺乏真正的领袖。"后齐达内时代"已有十年之久，曾经被誉为"齐达内接班人"的古尔库夫早已远离法国国家队，当年被视作法国队新一代中场领军人物的他目前 31 岁，上一次代表法国队出场已是 4 年前。里贝里和本泽马一度在大赛中扮演领袖角色，然而里贝里却在 31 岁的当打之年就无心为国出征，巴西世界杯上本泽马的高光表现依旧令人印象深刻，但场外的是是非非却让德尚将他拒之门外。

所以不难理解，为何群星闪耀的法国队在 2018 年世界杯预选赛的晋级历程却是跌跌撞撞。他们能 4 球横扫荷兰队，也能在实力平平的白俄罗斯队、卢森堡队的严防下显得束手无策。倒数第 4 轮，德尚的球队甚至在客场被瑞典队绝杀，一度让出了小组头名，若不是同组的"橙衣军团"实力下滑，法国队能否顺利拿到小组第一还得打个问号。昔日国家队队友杜加里在 RMC 电台上言辞激烈地抨击了德尚带领的国家队："看法国队的比赛，我从来就没爽过，上帝啊，这真让人沮丧。"

2017 年 12 月 1 日，俄罗斯世界杯分组抽签仪式在莫斯科克里姆林宫举行。前任

第六章 / 重塑星团　　　FRANCE NATIONAL FOOTBALL TEAM

主帅布兰科作为抽签嘉宾，在正式抽签前完成过 4 次预演，他曾经把西班牙队和法国队抽到一组。不过，真正的抽签仪式中，法国队运气不错，抽中与澳大利亚队、秘鲁队和丹麦队一组，被公认为是上上签。

"大蛇"德约卡夫在接受采访时说："我觉得法国队抽到了好签，小组出线没有太大问题。"锋线大将吉鲁更是信心十足："我在之前就说过，明年世界杯我的目标是比 2014 年巴西世界杯做得更好，我觉得法国队的目标是最少打到半决赛。"

只有德尚保持着一贯的谨慎："抽签结果本可能更糟。我们很了解同组的对手，很清楚他们的优势，我们将会挑选与他们特点相似的球队来踢热身赛。我知道哪个小组会让我们担心，阿根廷队就是其中之一。我们不可能总是避开他们，让我们一步一步来吧。现在谈论那些强队没什么意义。"

2014 年巴西世界杯，法国队重整旗鼓杀进 8 强；2016 年本土欧洲杯，法国队与冠军擦肩而过，错失了站在欧洲之巅的机会。转眼进入了 2018 年，法国队的青春风暴将席卷俄罗斯，他们的目标只有一个，那就是夺取大力神杯的至高荣耀，让我们拭目以待吧！

世界杯豪门王朝系列

高卢战纪

法国列传
FRANCE NATIONAL FOOTBALL TEAM
1904　　2018

历史三十大巨星

1-10
France National Team
Super Star

首球功臣 / 洛朗

Lucien Laurent

吕西安·洛朗和同为法国国脚的家兄让·洛朗一同起步于巴黎大区近郊的 CA 巴黎俱乐部。在那里，洛朗随队杀进了 1928 年的法国杯决赛，但以 1 比 3 不敌如日中天的红星队，屈居亚军。

1930 年 7 月 13 日，是吕西安·洛朗一生之中永恒的瞬间。乌拉圭首都蒙得维的亚，当时天气寒冷，还纷纷扬扬地飘着雪花。首届世界杯赛就在这样静谧的环境下揭幕，法国队对阵墨西哥队。

比赛第 19 分钟，身高只有 1.62 米的洛朗抢点首开纪录，当时他还没有意识到这粒进球的意义。"进球后我只是感到高兴，与队友们相互亲吻或者击掌庆祝，而后继续比赛，当时我甚至没有意识到这是世界杯历史上的第一个进球……"法国队最终 4 比 1 战胜墨西哥队，洛朗也凭借这划时代的进球而留名青史，而这仅仅是洛朗代表法国队出战的第二场比赛。

比赛终场哨刚落，洛朗立即陷入记者们和球迷们的重重包围之中，狂热的球迷先是把他强按在地，立即有许多人向他扑来，此刻洛朗全身都是狂热的嘴唇，经过一阵狂吻后，球迷们又将他抬起来，绕场狂奔。商店里用洛朗的名字做成各种各样的纪念品，也成为球迷们抢购的珍品，一股"洛朗热"从乌拉圭传向法兰西。

可惜，在接下来对阵阿根廷队和智利队的比赛中，法国队均落败而惨遭淘汰，洛朗本人也在比赛中受伤。同年，标志汽车公司成立了法国第一支职业球队，22 岁的洛朗随即加盟该队，月薪 2200 法郎，那家俱乐部也就是后来的 FC 索肖。

由于伤病原因，洛朗没有参加 1934 年世界杯。1939 年 9 月 3 日，英法对德宣战，第二次世界大战爆发，洛朗应征入伍，开赴战场，后来被德军俘虏，关入战俘集中营，受到种种非人的折磨。可是他没有屈服，依然像绿茵场上的好汉，对胜利充满希望。洛朗，这位世界杯的绿茵猛士，在德国萨克森度过了三年半战俘生活，于 1943 年因病释放。

法国历史三十大巨星　　　　　　　　　　FRANCE NATIONAL FOOTBALL TEAM

　　回到法国后,洛朗重操旧业前往贝桑松 RC 俱乐部效力。1946 年,洛朗在贝桑松退役,开始了教练生涯,并在那儿安了家。

　　很长时间以来,洛朗打进的世界杯首球都没有在世界范围内造成影响,甚至在祖国都没有引起太多的反响。直到 1998 年,法兰西之夏。洛朗作为唯一一名出战 1930 年世界杯仍健在的法国队队员,见证了"高卢雄鸡"捧起大力神杯。尽管已经 91 岁高龄,但只要一讲到他的那个进球,他的双目还是会发出炯炯有神的光芒。"第 13 分钟,门将得球后直接长传发动反击,下底传中,右脚凌空抽射,死角!"

　　球员生涯,洛朗先后代表法国国家队参加过 10 场比赛,攻进 10 个球。2005 年 4 月 11 日,洛朗在贝桑松去世,享年 97 岁。这位世界杯首球功臣注定将被后世永远铭记。

1930—1935 年代表法国国家队出场 10 次、进球 2 粒
参加世界杯:1930 年、1934 年 / 世界杯数据:出场 2 次、进球 1 粒
● 吕西安·洛朗/Lucien Laurent ● 出生日期:1907 年 12 月 10 日 ● 出生地:贝桑松 ● 身高:1.62 米 ● 位置:边锋
● 主要效力俱乐部:CA 巴黎 / 图卢兹

高卢战纪 法国传

神射手 / 方丹
Just Fontaine

在法国足球的百年历史长河中,最早出名的球员是在首届世界杯上打入第一粒进球的洛朗。但要说法国第一位伟大的球星,或者第一位金牌球员,就非方丹莫属。

1933年8月18日,朱斯特·方丹出生在非洲摩洛哥的马拉喀什,他的父亲是法国侨民。方丹小时候在摩洛哥街头踢球,后来加入卡萨布兰卡摩洛哥人队,在那里踢了3年。

这位天赋禀异的射手年仅20岁时即被招入国家队,在1953年第一次代表国家队比赛就上演了"帽子戏法"。

方丹真正的成长是在1955年转会到法国最有钱的俱乐部——兰斯之后,他的足球才华得以尽情展现,他的控球技术突出,突破能力强,速度快且射门准确。更难能可贵的是,方丹还有一脚远射绝技。

1958年之前的方丹,也许还只是一个法国球迷知晓的明星,而在这一年之后,他成为全世界球迷追捧的偶像,一切源自那一年的瑞典世界杯,方丹创造了后世几乎无法超越的神迹。

1次"帽子戏法",2次"梅开二度",在最后一场与联邦德国队争夺三四名的比赛中,他更出格地演出了"大四喜",独进4球横扫联邦德国队。最终6场比赛进13球的纪录不仅令世人震惊,也为法国队带来历史性打进4强的重大突破。

有趣的是,方丹参加世界杯穿的球鞋竟然是借来的,他说:"我们没有赞助商,每人只有一双鞋,我的鞋在开赛前不久就踢破了。队友布鲁伊把他的球鞋借给我,

我能进那么多球,是因为就像两个人穿着一双鞋在场上飞奔。"

由于1958年世界杯时并没有设立正式的金靴奖,方丹并未在意自己进了多少球。后来,他自己设立了一笔1000美元的奖金,希望有后辈打破他的纪录。然而56年过去了,这1000美元的奖金至今没有发出。

1960年欧洲杯预选赛,27岁的方丹以6个进球成为预选赛最佳射手。然而厄运不期而至,严重的伤病不仅断送了他参加第一届欧洲杯决赛圈的希望,更是让这位天才射手在28岁那年被迫提前退役。

回顾方丹短暂的国家队生涯,他在只有21次出场的情况下打进了30球,场均入球效率为1.43,这样高的得分效率在法国前锋史上再也找不出第二个人。

退役后,方丹担任过教练,并在1967年短暂执教法国国家队。1980年,他曾执教巴黎圣日耳曼,后任摩洛哥国家队主帅。20世纪80年代后期,方丹从足球圈退出,转行经商。

1953—1960年代表法国国家队出场21次、进球30粒
参加世界杯:1958年 / 世界杯数据:出场6次、进球13粒
● 朱斯特·方丹/Just Fontaine ● 出生日期:1933年8月18日 ● 出生地:马拉喀什 ● 身高:1.74米 ● 位置:前锋
● 主要效力俱乐部:尼斯/兰斯 ● 俱乐部荣耀:2届法甲联赛冠军/2届法国杯冠军/2届法国超级杯冠军
● 个人荣耀:1届世界杯金靴奖/2届法甲金靴奖/1届欧洲杯最佳射手奖/1届金足奖/1次国际足联勋章奖

03 球场拿破仑 / 科帕

Raymond Kopa

2003年《法国足球》杂志组织对34届法国年度最佳球员投票,以评选出20世纪最佳法国球员排行榜。在普拉蒂尼和齐达内之后名列第三的是雷蒙·科帕——带领法国足球迎来黄金岁月的"黄金中场",一位像拿破仑统治战场那般统治球场的小个子传奇。

科帕出生于法国北部重要的采煤中心讷莱米讷,祖父、父亲都是矿工。科帕14岁起跟随父兄下矿井,推煤车,但因为6岁时在矿下的一次事故弄伤了手,左手大拇指被截掉一段,无法继续挖矿,不得不想其他办法谋生。最终,足球上的天赋让他走上了职业球员的道路,并成为法国历史上最伟大的球员之一。

他身材不高,因为重心低,也就更敏捷。他转身速度快,脚下灵活,擅长以小巧灵活的盘带引诱对方几名防守队员同时围抢而又不让他们碰到球。球在他的脚下就像魔术大师玩弄于手中的道具,任他摆布。

1955年3月在马德里,面对十几万名观众,法国队与西班牙队展开了一场前无古人的友谊赛。科帕就像一个乐队指挥,他带球突破,分球助攻,为全队穿针引线。由于他的出色表现,法国队大败西班牙队。西班牙《每日快报》记者德蒙德·哈基特称他是"球场拿破仑"。

科帕代表法国国家队参加了两届世界杯,1954年世界杯他只是边缘角色,1958年世界杯则成为他表演的舞台。他与方丹、皮安托尼组成的进攻"三叉戟"锐不可当,巧妙的二过一"墙式配合"让观众如痴如醉。

凭借强大的进攻火力，法国队获得了本届大赛数项"之最"，进球最多（23球）。科帕在那届比赛中打进3球，但他的技术和助攻令人惊叹，并当选赛事最佳球员。

凭借全年出色的表现，科帕获得了第三届金球奖，成为第一位获此项殊荣的法国球员，值得一提的是，前4届金球奖评选，科帕始终位列前三。

与璀璨的国家队生涯相比，科帕的俱乐部生涯同样引人注目。在兰斯度过五个收获颇丰的赛季后，科帕以5200万法郎的天价（相当于当下100万欧元）的转会费在1956年加盟皇马，成为法国球员的留洋先驱。

在皇马，科帕和迪·斯蒂法诺、普斯卡什一起，带领球队拿到3次欧冠冠军和2次西甲冠军。1959年，科帕回到了传奇开始的地方——兰斯。他将自己职业生涯的最后8年留在了这里，带领球队夺得了2座联赛冠军。35岁那年，科帕选择了退役。

1970年底，科帕获颁法国政府最高的"荣誉军团勋章"，成为首位获此勋章的球员。2017年3月3日，科帕去世，享年85岁。

1952—1962年代表法国国家队出场45次、进球18粒
参加世界杯：1954年、1958年 / 世界杯数据：出场8次、进球4粒
● 雷蒙·科帕/Raymond Kopa ● 出生日期：1931年10月13日 ● 出生地：讷莱米讷 ● 身高：1.68米 ● 位置：中场
● 主要效力俱乐部：兰斯 / 皇家马德里 ● 国家队荣耀：1届世界杯季军 ● 俱乐部荣耀：2届西甲联赛冠军 /4届法甲联赛冠军 /2届拉丁杯冠军 /3届欧洲冠军杯冠军 ● 个人荣耀：1届欧洲金球奖 /1届法国年度最佳球员奖

传奇领袖 / 特雷索尔

Marius Trésor

随着方丹、科帕的退役，法国足球在 20 世纪 60 年代陷入低谷。从 1962 年到 1974 年的 4 届世界杯，法国队有 3 次未能晋级决赛圈，仅仅在 1966 年止步首轮。

沧海横流，方显英雄本色。在这样一个困顿的年代，特雷索尔是法国足球史上影响深远的一代领袖，还是第一个代表法国打世界杯的非白人国脚，生于法属西印度群岛的瓜德卢普，被评价为带领法国足球走出低谷的领军球星，世界级中后卫，一度成为法国队最高出场纪录保持者。

这名来自加勒比海上小岛的球员不仅沉着冷静，而且拥有从防线上带球向前的能力，是法国队足球风格中不可或缺的一部分。他是一名现代型后场自由人，肌肉发达，跑动能力出色，与后来的德塞利颇为相似。"球王"贝利曾评选出 125 名足坛巨星，特雷索尔名列其中。

1971 年，21 岁的特雷索尔首次入选国家队，很快声名鹊起。在法国足球的低谷时期，特雷索尔几乎是唯一一个能够进入金球奖提名的法国人。在 1977 年以 2 比 2 战平巴西队的比赛中，特雷索尔攻打进一粒技惊四座的进球。

作为法国队队长，特雷索尔率领普拉蒂尼、西克斯都一批青年才俊杀进 1978 年世界杯决赛阶段，结束了"高卢雄鸡"连续无缘两届世界杯的尴尬。

1982年世界杯，32岁的特雷索尔最后一次征战世界大赛，这位后防统帅的表现让人印象深刻，为法国队闯进世界杯4强立下汗马功劳。

在半决赛对阵联邦德国队的加时阶段，法国队获得禁区右侧任意球机会，特雷索尔接吉雷瑟的妙传一脚凌空怒射，皮球划出一道美妙弧线让舒马赫俯首称臣，此球成为世界杯历史上经典进球之一。

那年，5岁的亨利第一次观看法国队的比赛，"当时我在西印度群岛，而当法国队的特雷索尔进球之后，我身边的人都沸腾了。"也就是在那一刻，在亨利小小的心中埋下了一颗足球梦的种子。

特雷索尔俱乐部生涯效力过3支球队，分别是阿泽西奥、马赛和波尔多。帮助马赛赢得了1976年法国杯冠军；在波尔多时代，特雷索尔则为球队赢得1984年法甲联赛冠军。

1971—1983年代表法国国家队出场65次、进球4粒
参加世界杯：1978年、1982年 / 世界杯数据：出场10次、进球1粒
● 马里乌斯·特雷索尔/Marius Trésor ● 出生日期：1950年1月15日 ● 出生地：瓜德卢普 ● 身高：1.82米 ● 位置：中后卫 ● 主要效力俱乐部：马赛/波尔多 ● 俱乐部荣耀：1届法甲联赛冠军/1届法国杯冠军 ● 个人荣耀：1届欧洲金球奖/1届法国年度最佳球员奖

矮脚虎 / 吉雷瑟

Alain Giresse

吉雷瑟的足球生涯在阿基坦地区最著名的俱乐部波尔多队开始,在"蓝白军团"他度过了自己的青年队生涯,并且在 18 岁那年(1970/1971 赛季),就赢得了为俱乐部征战法甲联赛的机会。

相比足球史上的众多中场大师,这位身高仅仅 1.63 米的小个子似乎实在是大器晚成了一些。如果要在当今足坛找一个类似的模板,吉雷瑟就是伊涅斯塔在绿茵场上的前世。在狭小空间内拥有极为细腻的触球感觉,通过精准的传球将比赛梳理得井井有条,远射和任意球方面也有独到的造诣。

吉雷瑟的国家队生涯在整个 20 世纪 70 年代都显得有些坎坷,仅仅在 1977 年和 1978 年各赢得过两次国家队的表现机会,这也几乎让他丧失了对国家队的热情,他曾经回忆说:"在那段时期,我踢球仅仅是为了让自己快乐。"

国家队的失意并没有打倒吉雷瑟,随着波尔多在 20 世纪 80 年代成为法国足球界的旗帜性球队,吉雷瑟一如既往的出色表现,终于吸引了法国队主帅伊达尔戈的注意。

吉雷瑟参加了 1982 年和 1986 年两届世界杯,他与普拉蒂尼、蒂加纳的"铁三角"组合是法国队在 20 世纪 80 年代崛起的关键。作为名副其实的"大场面球员",吉雷瑟的 6 个国家队进球中的 4 个都是来自于国际大赛,其中 1982 年世界杯上取得了 3 粒入球。

在复赛法国队以 4 比 1 战胜北

爱尔兰队的比赛中，吉雷瑟在一群高大的北爱中卫面前竟然跃起头球破门，让英格兰足坛一代传奇门将帕特·詹宁斯蒙羞。

即便是在被联邦德国队上演惊天逆转的半决赛，吉雷瑟的表现也足够出色。加时赛中，他还是任意球助攻特雷索尔反超比分，随后又凌空勾射将比分扩大为 3 比 1。

在当年的金球奖评选中，吉雷瑟名列第二，排在普拉蒂尼之上，仅次于罗西。两年后的本土欧洲杯，他和普拉蒂尼一起为法国足球赢得第一个世界大赛冠军。

1986 年，吉雷瑟已经是 33 岁的老兵了，在气候酷热的墨西哥，吉雷瑟体力充沛，运转自如，丝毫没有力不从心之感。

世界杯小组赛对阵苏联队，当时法国队落后 1 球，最后阶段球停至吉雷瑟脚下时，有 9 名苏联球员在半径约 13.7 米内。只见"法国小矮人"看似轻佻的一个勺子传球，似清风拂面却骤露杀机，球绕开 5 名苏联队球员防守，落入禁区中央空挡，跟进的费尔南德斯劲射破网。

吉雷瑟最后一次为国家队出征以悲情收尾，"高卢雄鸡"像 4 年前一样倒在了联邦德国队脚下，但他那特殊的身材和高大的形象相映成趣，构成了独特的个人魅力。

退役后的吉雷瑟开始了教练生涯，先是执教国内的图卢兹、巴黎圣日耳曼等俱乐部。此后他又辗转各国，在摩洛哥、加蓬、格鲁吉亚、塞内加尔、马里留下了自己的执教履历。

1974—1986 年代表法国国家队出场 47 次、进球 6 粒
参加世界杯：1982 年、1986 年 / **世界杯数据**：出场 12 次、进球 3 粒
●阿兰·吉雷瑟/Alain Giresse ●出生日期：1952 年 8 月 2 日 ●出生地：朗戈兰 ●身高：1.63 米 ●位置：中场
●主要效力俱乐部：波尔多 / 马赛 ●国家队荣耀：1 届世界杯季军 /1 届欧洲杯冠军 ●俱乐部荣耀：2 届法甲联赛冠军 /2 届法国杯冠军 ●个人荣耀：2 届法国年度最佳球员奖 /1 届欧洲银球奖

飞扬的旗帜 / 罗歇托

Dominique Rocheteau

20世纪80年代是一个崇尚美丽足球的时代，法国队在那个时期一度成为欧洲足球的王者，他们被誉为"欧洲巴西队"，是浪漫足球的代名词。

多米尼克·罗歇托是那一时期浪漫足球的杰出代表，这名法国边锋被当时的球迷称为"球场和平使者"，这一称号来自于罗歇托的名言："球场暴力是另一种软弱。"

在绿茵场上的罗歇托长发飘飘，球技、速度、力量和意识都十分突出，突破犀利、边路内切、直捣黄龙，传球功夫了得，是蓝军摧城拔寨的旗手，因此获得了"飞扬的旗帜"的绰号。

罗歇托出道于圣埃蒂安俱乐部，彼时的"绿军"是法国足坛的翘楚。罗歇托跟随球队在1974年和1975年两度加冕联赛和杯赛双料冠军。1976年，21岁的罗歇托不但帮助球队联赛卫冕成功，在欧洲冠军杯更闯入决赛，只是不敌当时的拜仁慕尼黑。

罗歇托参加过1978年、1982和1986年3届世界杯，每一届都有进球入账。1978年阿根廷世界杯，罗歇托参加了2场比赛，在法国队以3比1战胜匈牙利队的比赛中打进世界杯处子球；4年后的西班牙世界杯，罗歇托在法国队以4比1大胜北爱尔兰队的比赛中"梅开二度"；1986年墨西哥世界杯，罗歇托打进1球送出4次助攻，其中包括法意大战中，助攻了普拉蒂尼的1球，帮助球队以2比0战胜意大利队。

作为边锋，罗歇托游弋在边路寻找突破缺口，并送出致命助攻，承接前锋、辅助中场，不是战术核心，不是后防领袖，而是助攻关键先生。代表法国队出战49场打进15球，送出了31次助攻，是法国国家队队史助攻王。与那个时代众多的法国球星一样，罗歇托国家队生涯最浓墨重彩的一笔当属随队获得了1984年欧洲杯冠军。

从国家队退役后，罗歇托在1985/1986赛季帮助巴黎圣日耳曼队夺得了队史第一座联赛冠军奖杯。1989年，在为图卢兹效力了两个赛季后，罗歇托结束自己的足球生涯。目前，62岁的罗歇托仍然活跃在职业足坛，在母队圣埃蒂安俱乐部担任体育总监一职。

1975—1986 年代表法国国家队出场 49 次、进球 15 粒
参加世界杯：1978 年、1982 年、1986 年 / 世界杯数据：出场 10 次、进球 4 粒
●多米尼克·罗歇托 /Dominique Rocheteau ●出生日期：1955 年 1 月 14 日 ●出生地：圣特 ●身高：1.77 米
●位置：边锋 ●主要效力俱乐部：圣埃蒂安 / 巴黎圣日尔曼 ●国家队荣耀：1 届欧洲杯冠军 ●俱乐部荣耀：4 届法甲联赛冠军 /3 届法国杯冠军

法兰西皇帝 / 普拉蒂尼

Michel Platini

如果用一句话评价普拉蒂尼——那就是：齐达内之前最伟大的法国球员。

他拥有超群的技术、传球功夫、比赛阅读能力、射门与任意球技巧，他是足球智慧与优雅风格的代名词，既能穿针引线组织进攻，又能单刀赴会百步穿杨。他在对方禁区周围活动时谁也不敢掉以轻心，就像一颗随时会爆炸的炸弹，给对方以致命一击。

普拉蒂尼的球员生涯始于南锡，他在那里拿到了法国杯冠军，第一次进入金球奖前三。1976年，伊达尔戈成为法国国家队主教练，上任伊始就将20岁的普拉蒂尼招致帐下。

同年3月，法国队在王子公园球场迎战前捷克斯洛伐克队。普拉蒂尼迎来国家队首秀，第73分钟，法国队获得任意球机会，普拉蒂尼对亨利·米歇尔说："把球传给我，我肯定进一个！"随后，普拉蒂尼射出的皮球，划出一道绝妙的弧线，钻进网窝。

米歇尔愣在了那里,就连教练席上的伊达尔戈也无法相信自己的眼睛。18个月之后,似曾相识的场景再次上演,法国队和保加利亚队的世界杯预选赛关键战,普拉蒂尼20米外再次施展任意球绝技,帮助"高卢雄鸡"杀进世界杯决赛圈。

1978年世界杯,23岁的普拉蒂尼迎来了世界大赛首秀,这位年纪轻轻的领袖肩负着法国足球复兴的使命。不幸的是,法国队与两大热门阿根廷队和意大利队分在一组,

遗憾地止步小组赛。不过，普拉蒂尼还是对后来拿到冠军的阿根廷队打入一球。

1981 年，普拉蒂尼又在世界杯预选赛上对荷兰队打进关键进球，确保法国队晋级 1982 年世界杯。在西班牙世界杯赛场上，普拉蒂尼身披 10 号战袍，戴上了队长袖标，他与吉雷瑟、蒂加纳组成的著名"中场铁三角"，让法国队成为那届世界杯的夺冠热门。

与联邦德国队的世界杯半决赛牵动了整个世界足坛的神经，利特巴尔斯基补射为西德队先拔头筹。普拉蒂尼在第 26 分钟点球一蹴而就扳平比分。两队将 1 比 1 维持到加时赛。特雷索和吉雷瑟连入两球，但德国人顽强扳平，将比分锁定为 3 比 3，并依靠点球大战总比分 8 比 7 淘汰对手。

1985 年，普拉蒂尼第三次在世界杯预选赛上打进关键进球。第二年的墨西哥世界杯，普拉蒂尼因为腹股沟伤病并不在最佳的身体状态，有时甚至要打封闭针后才能上场。

1986 年墨西哥世界杯，小组赛期间他没能破门，但进入淘汰赛他越战越勇：1/8 决赛以 2 比 0 胜意大利队的经典对决，便是他首开纪录；1/4 决赛与巴西队战成 1 比 1 平的史诗级战役里，普拉蒂尼又斩获进球，虽然之后在点球大战中射失，但法国队还是击败巴西队，顺利晋级半决赛。

冤家路窄，德意志人凭借超强的体能与实用主义的打法，又一次笑到了最后。随后的三四名争夺赛，法国队以 4 比 2 战胜比利时队夺得第三名。普拉蒂尼的世界杯之旅也就此结束。

虽然未能带领法国队夺得世界杯，但普拉蒂尼却登上了欧洲之巅。1984 年欧洲杯，

法国队在他的带领下力克群雄,以全胜的战绩夺得冠军。5 场比赛打进 9 球,普拉蒂尼成为欧陆之王。

尤其在 1984 年欧洲杯决赛中,正是普拉蒂尼一记任意球攻破西班牙队大门,帮助法国队捧得德劳内杯,这也是法国队历史上的第一个世界大赛的冠军。可以这样说,普拉蒂尼创造了法国队的历史。

1987 年 5 月 17 日,32 岁的普拉蒂尼在参加完当年意大利甲级联赛的最后一场比赛后结束了自己的足球生涯。在俱乐部层面上,普拉蒂尼完成了荣誉大满贯;个人荣誉不计其数,金球奖"三连冠"史无前例;而在国家队,则只差世界杯加冕。

1976—1987 年代表法国国家队出场 72 次、进球 41 粒
参加世界杯: 1978 年、1982 年、1986 年 / **世界杯数据:** 出场 14 次、进球 5 粒
● 米歇尔·普拉蒂尼 /Michel Platini ● 出生日期:1955 年 6 月 21 日 ● 出生地:洛林 ● 身高:1.78 米 ● 位置:中场
● 主要效力俱乐部:南锡 / 圣艾蒂安 / 尤文图斯 ● 国家队荣耀:1 届世界杯季军 /1 届欧洲杯冠军 ● 俱乐部荣耀:2 届法甲联赛冠军 /1 届法国杯冠军 /2 届意甲联赛冠军 /1 届意大利杯冠军 /1 届欧洲冠军杯冠军 /1 届欧洲优胜者杯冠军 /1 届欧洲超级杯冠军 /1 届洲际杯冠军 ● 个人荣耀:3 届欧洲金球奖 /2 届世界年度最佳球员奖 /2 届法国年度最佳球员奖 /3 届意甲最佳射手奖 /1 届欧洲杯最佳射手奖 /1 届欧洲冠军杯最佳射手奖 /1 届金足奖

黑珍珠 / 蒂加纳

Jean Tigana

蒂加纳出生于马里首都巴马科，3 岁时随父母迁到法国，定居在马赛。家中兄弟姐妹多达 10 人，他的童年和少年是在贫困中度过的。

1975 年，蒂加纳在法乙的土伦俱乐部出道，当时，已经 20 岁的他仍没有明确走职业球员的道路，踢球之余，还在一家意大利制面厂打工，后来又当过邮差。1978 年，蒂加纳加盟法甲的里昂俱乐部，正式走上了球星之路。

3 个赛季，在热尔兰球场，他都是队里的绝对主力，联赛出场 114 次，打入 15 球。1981 年，蒂加纳被当时法甲的强队波尔多挖走，转会费高达 400 万美元，这在当时的法国足坛堪称天价。

在波尔多的 8 个赛季，除了帮助波尔多 3 次夺得法甲冠军、捧起 3 座法国杯冠军，

还曾随队闯入冠军杯和优胜者杯的半决赛。转会马赛后，蒂加纳又帮助球队连夺两届联赛冠军。

作为法国队历史上最著名的"铁三角"组合之一，蒂加纳有着坚强的毅力、稳健的球风、出乎意料的过人、超常规的带球过人、有效的传递和抢断，他是法国中后场的大动脉，在当时的"高卢军团"中，蒂加纳成为大多数攻势的发起源头，成为无可替代的进攻枢纽。

蒂加纳代表法国国家队参加了 1982 年和 1986 年 2 届世界杯，2 次均杀进 4 强。相比于射门得分，他更倾向于扮演组织进攻的角色。面对来自蒂加纳的精妙传球，队友

法国历史三十大巨星　　　　　　　　　　　　FRANCE NATIONAL FOOTBALL TEAM

们总能获得更加简单有效的射门机会，球队也在他率领之下不断取胜。

1984 年欧洲杯是蒂加纳足球生涯的巅峰之作，他在中场的表现光芒四射，甚至盖过了"中场发动机"吉雷瑟。蒂加纳犀利的带球后上助攻多次打乱对手防线，共有 3 次直接助攻。尤其是在半决赛对阵葡萄

牙队的一场苦战，第 119 分钟蒂加纳带球后上，助攻给了普拉蒂尼决定性的入球。最后的决赛对阵西班牙队，蒂加纳又一次在比赛末段长途奔袭，助攻给队友贝罗内锁定胜局。蒂加纳在当年欧洲足球先生评选中获得第二名，仅次于普拉蒂尼。

1986 年世界杯，31 岁的蒂加纳在对阵匈牙利队的比赛中打入国家队生涯唯一进球，在对意大利比赛中又贡献了一次关键的助攻。那届世界杯之后，蒂加纳渐渐淡出国家队。

凭借球员时代的辉煌，蒂加纳的执教生涯也建立在高起点上。1991 年退役后，蒂加纳回到里昂开始执教生涯，执教的第二个赛季，带领里昂拿到法甲亚军，那是俱乐部历史上的最高联赛排名。之后，他去摩纳哥执教，只用了一个赛季，就让处在动荡中的摩纳哥队回到联赛第三的排名。1996/1997 赛季，更是一鼓作气，带队赢得联赛冠军，领先第二名的优势多达 12 分。后一个赛季，蒂加纳率摩纳哥在冠军杯有所建树，一路杀入 4 强，最终被尤文图斯淘汰。

在摩纳哥队中，蒂加纳为法国国家队输送了亨利、特雷泽盖等国脚，这几位球员随后成为足坛顶级球星。此外，久利、萨尼奥尔、巴特斯等国脚也在他麾下开始大放异彩。

1980—1988 年代表法国国家队出场 52 次、进球 1 粒
参加世界杯：1982 年、1986 年 / 世界杯数据：出场 12 次、进球 1 粒
●让·蒂加纳 /Jean Tigana ●出生日期：1955 年 6 月 23 日 ●出生地：巴马科 ●身高：1.68 米 ●位置：中场
●主要效力俱乐部：里昂 / 波尔多 ●国家队荣耀：1 届世界杯季军 /1 届欧洲杯冠军 ●俱乐部荣耀：5 届法甲联赛冠军 /2 届法国杯冠军 /1 届英超联赛冠军 /1 届足总杯冠军 /2 届社区盾杯冠军 ●个人荣耀：1 届法国年度最佳球员奖 /1 届法甲年度最佳新秀奖 /1 届欧洲银球奖

绞肉机 / 费尔南德斯

Luis Fernández

费尔南德斯的足球生涯始于里昂郊区的 AS Minguettes。1978 年，19 岁的费尔南德斯与巴黎圣日耳曼签约了第一份职业合同。在那里，他获得了法甲冠军和法国杯冠军，并在 1985 年当选为法国足球先生。

许多人熟悉路易斯·费尔南德斯主要是国际赛场上的表现。1982 年下半年，费尔南德斯入选法国国家队大名单。同年 11 月 10 日，在法国队对阵荷兰队的比赛中，费尔南德斯完成了国家队首秀。

1984 年欧洲杯，法国如愿以偿地在本土加冕桂冠，历史上夺得的第一项团体项目赛事的冠军。这届欧洲杯，费尔南德斯是雷打不动的主力，凭借强壮的身体和出色的拦截能力，费尔南德斯赢得了"中场绞肉机"的称号。

正是得益于费尔南德斯在中场的铁血防守，在他前面的"进攻铁三角"普拉蒂尼、吉雷瑟和蒂加纳才能如鱼得水，为法国队攻城拔寨，建功立业。这支法国国家队可以称得上是历史上最强大的一支，这 4 位球员组成了著名"黄金中场四重奏"。

1986 年世界杯，新科欧洲冠军法国队卷土重来，1/4 决赛与"桑巴军团"狭路相逢。两支夺冠热门球队激战至点球大战。

最后一刻，比分为 3 比 3，只要费尔南德斯罚中点球，法国队就将淘汰巴西队。最终，巴西队门将奥斯卡

法国历史三十大巨星　　　　　　　　　　FRANCE NATIONAL FOOTBALL TEAM

扑向了左侧，但法国人的射门踢向了右边，赢得点球大战后，费尔南德斯疯狂地跑向队友庆祝。

随后与联邦德国队的半决赛，法国队的疲劳迹象显露无遗。在强调压迫和防守的保守足球思想面前，法国人的浪漫足球始终无法转化为进球，最终，联邦德国队凭借布雷默和沃勒尔的进球赢得了比赛。

这场失利标志着法国足球统治欧洲的时代就此终结。普拉蒂尼、蒂加纳等"黄金一代"的球星陆

续退出国家队，费尔南德斯和阿莫罗斯选择了留守，他们肩负着国家队新老交替的重任。

直到1992年欧洲杯后，路易斯·费尔南德斯才宣布退出法国队，十年国家队生涯，费尔南德斯出场60次打进6球，在那个崇尚美丽足球的时代，他的防守精神是不可或缺的。

翌年，费尔南德斯正式结束球员生涯，拿起了教鞭。1996年，费尔南德斯率领巴黎圣日耳曼赢得欧洲优胜者杯。在第二次执教巴黎期间，把小罗打造成了世界级球星。

2017年8月，59岁的费尔南德斯回归巴黎圣日耳曼，出任训练中心主管一职。未来，他的工作将是负责球队的青训，包括青年队的建设及年轻球员培养。

1982—1992年代表法国国家队出场60次、进球6粒
参加世界杯：1986年 / 世界杯数据：出场6次、进球1粒
● 路易斯·费尔南德斯/Luis Fernández ● 出生日期：1959年10月2日 ● 出生地：塔里法 ● 身高：1.81米 ● 位置：后腰
● 主要效力俱乐部：巴黎圣日耳曼 ● 国家队荣耀：1届世界杯季军/1届欧洲杯冠军 ● 俱乐部荣耀：1届法甲联赛冠军/2届法国杯冠军/1届欧冠联赛冠军 ● 个人荣耀：1届法国年度最佳球员奖

法国历史三十大巨星　　　　　　　　　　FRANCE NATIONAL FOOTBALL TEAM

全能飞翼 / 阿莫罗斯

Manuel Amoros

曼努埃尔·阿莫罗斯是20世纪80年代法国最优秀的边后卫，无论是左边还是右边。他的身体素质出色，爆发力强，心理素质上佳，善于边路突破，助攻犀利，他与罗歇托组成的边路走廊是法国队重要的进攻武器。

1980年，18岁的阿莫罗斯代表摩纳哥参加了首场职业比赛，在第二个赛季便随队捧起了法甲冠军奖杯后，阿莫罗斯被国家队教练伊达尔戈相中，这名教练相信这个与众不同的后卫可以为队伍注入新鲜的血液。

1982年，20岁的阿莫罗斯站在了世界杯的舞台。很快，企图欺负菜鸟的对手们就意识到了这位面庞清秀的年轻人其实是个狠角色，不知疲倦地来回奔跑、风驰电掣地边路狂飙，阿莫罗斯一出场就惊艳了世界。在被称作"塞维利亚史诗"的1982年西班牙世界杯半决赛，阿莫罗斯的前插进攻近乎改写法国队的命运。在令人窒息的点球大战中，20岁的他沉着冷静，稳稳命中。在当届世界杯上，他最终被提名为"最佳年轻球员"。

阿莫罗斯在两届世界杯点球大战中都进了球。1986年，在法国队以4比2击败比利时队获得世界杯季军的那场比赛中，阿莫罗斯打进了82场国家队生涯的唯一进球。那届世界杯赛上，阿莫罗斯被授予"最佳左后卫"的称号。

由于受到关节炎的困扰，阿莫罗斯在1996年结束了球员生涯，这一年他34岁。退役后他仍然积极参与足球事业，在阿维尼翁附近组建夏季足球学校，训练7到17岁之间的队员。

1982—1992年代表法国国家队出场82次、进球1粒
参加世界杯：1982年、1986年 / 世界杯数据：出场12次、进球1粒
●曼努埃尔·阿莫罗斯/Manuel Amoros ●出生日期：1962年2月1日 ●出生地：尼姆 ●身高：1.72米 ●位置：左后卫/右后卫 ●主要效力俱乐部：摩纳哥/马赛 ●国家队荣耀：1届世界杯季军/1届欧洲杯冠军 ●俱乐部荣耀：4届法甲联赛冠军/1届法国杯冠军/1届欧冠联赛冠军 ●个人荣耀：1届世界杯最佳年轻球员奖/1届法国年度最佳球员奖

11-20
France National Team
Super Star

国王 / 坎通纳

Eric Cantona

英超 20 年最佳庆祝动作——在完成了一记惊天吊射后，竖着衣领的法国人在进球后面无表情地留在原地，然后缓缓转了 360 度并以霸气的眼神傲视四周，然后才举起双手和扑上来的队友庆祝。这是曼联"国王"坎通纳生涯最经典的一幕。弗格森曾经说过，他在"红魔"带过那么多球员，但真正能称得上世界级的只有 4 人，坎通纳是其中之一。

他是法国足球史上的遗憾之美，曾被认为是"20 世纪 90 年代法国的普拉蒂尼"。他是天使与魔鬼的混合体，一方面，他有着出众的技术与精湛的球技，常常在赛场上力挽狂澜，展现灵魂人物的本色；然而另一方面，他又有着我行我素的性格，他是一位典型的无政府主义者，与队友打架、顶撞裁判员、嘲弄教练员、踢骂球迷等事常有发生，经常被红牌罚下，数次遭受停赛的处罚。

在曼联他度过了职业生涯最辉煌的时光，夺英超联赛冠军、两次夺得英格兰足总杯冠军。1994 年，保守的英国人授予了他"英格兰足球先生"称号。

坎通纳的国家队生涯始于 1987 年，主教练米歇尔在球队同联邦德国队的比赛中给了他出场机会，最终法国队以 1 比 2 不敌联邦德国队，但是坎通纳打进法国队唯一一粒进球。

仅仅一年后，坎通纳在电视节目中炮轰米歇尔是"世界足球最不称职的主教练"，随后被法国足协无限期禁赛，直到普拉蒂尼上任，他才重返国家队。

1992 年欧洲杯，坎通纳迎来了自己的第一次国际性大赛，当时的法国队在预选赛连战连捷，是夺冠大热门。但那届大赛的决赛阶段普拉蒂尼设计了一套"532"的怪异战术，坎通纳在这套战术中表现一般，一球未进，法国队以两平一负的战绩早早回家。

法国历史三十大巨星　　　　　　　　FRANCE NATIONAL FOOTBALL TEAM

1994年世预赛，坎通纳作为法国队队长开始率领法国队投入预选赛战斗中，但是在最后一场打平即可出现的比赛中却意外地在最后1分钟被保加利亚队绝杀，最终以1比2的比分无缘美国世界杯，一代枭雄错过了在世界杯赛场"大展拳脚"的机会。

落选美国世界杯后，雅凯接过法国队教鞭，依然任命坎通纳为队长，这位血液里充满着骑士基因的法国贵族勇敢地接受挑战，下决心要带领已两届无缘世界杯的法国足球走向新生。

然而，"塞尔赫斯特公园飞踹球迷"事件让坎通纳被禁赛长达8个月之久，其中包括国际比赛。1996年欧洲杯前夕，虽然坎通纳已经解禁复出，但雅凯还是将这位在俱乐部状态火热的球员排除在大名单之外。

1997年5月18日，也就是在"齐达内一代"崛起的前一年，30岁正值巅峰的坎通纳突然在曼联夺取联赛冠军一周后宣布退役。弗格森说："那是我最伤心的一天。"对于整个法国队而言又何尝不是。

时隔多年以后，在接受法国电台采访时，当被问及如果他依然能够入选雅凯的国家队，他是否还会退役时，坎通纳表示："不，我认为不会。"

可惜，没有如果。"国王"坎通纳一生都没能登上世界杯的舞台。

1987—1995年代表法国国家队出场45次、进球20粒
参加世界杯：无 / **世界杯数据**：无
●埃里克·坎通纳 /Eric Cantona ●出生日期：1966年5月24日 ●出生地：马赛 ●身高：1.88米 ●位置：前腰
●主要效力俱乐部：欧塞尔 / 马赛 / 曼联 ●国家队荣耀：1届欧洲U-21锦标赛冠军 ●俱乐部荣耀：2届法甲联赛冠军 /1届法国杯冠军 /4届英超联赛冠军 /2届足总杯冠军 /4届社区盾杯冠军 ●个人荣耀：2届英格兰足球先生奖 /1届法甲年度最佳新秀奖 /2届巴斯比年度最佳球员奖 /1届金足奖

大蛇 / 德约卡夫

Marcel Djorkaeff

1968年3月9日，德约卡夫出生在一个足球世家，他的父亲让·德约卡夫曾代表法国队出战1966年世界杯。1984年，年仅16岁的德约卡夫在法国格勒诺布尔队开始了自己的职业生涯，并迅速成为这支小球队中的头号球星。

绰号"大蛇"的德约卡夫是一位颇具才华的攻击力很强的球员，他的脚法精湛，在球场上可以踢前锋或者进攻型中场，他的过人技术和射门意识一流，他靠出色的技术成为中场进攻的组织者。广阔的视野，良好的意识，变化多端的任意球，标志性的"倒挂金钩"更是被媒体以他的名字命名。

1996年欧洲杯，德约卡夫是法国队进攻的关键球员，他在对阵西班牙队的比赛中打进重要一球，此外贡献了多次助攻和威胁传球。虽然法国队止步半决赛，但德约卡夫还是入选了那届欧洲杯的"最佳阵容"。

1998年本土世界杯，德约卡夫与齐达内的双人攻击前卫组合成为主攻思路。由于"齐祖"遭遇停赛，德约卡夫在对阵丹麦队和巴拉圭队的两场比赛中一个人担起组织进攻的任务，表现不辱使命。

进入淘汰赛后，德约卡夫的表现愈发神勇。半决赛对阵"大黑马"克罗地亚队，苏克在下半场刚开场便用"金左脚"攻入一球时，危难关头，正是德约卡夫挺身而出，丢球不到1分钟，他就助攻图拉姆扳平比分，扮演法国队逆转的功臣。

决赛面对"桑巴军团",德约卡夫在上半场补时阶段主罚角球精确制导,助攻齐达内头球"梅开二度","高卢雄鸡"成为历史上第 7 支夺得世界杯冠军的球队。

即使是在 8 年后,回忆起 1998 年那个美妙的夏天,德约卡夫依旧是神采飞扬。"这绝对是我职业生涯中最辉煌的时刻,所有人都梦想着赢得世界杯,而我不仅做到了,而且可以骄傲地说自己的贡献是不可抹灭的。"

2000 年欧洲杯,32 岁的德约卡夫带领"高卢军团"登上欧洲之巅。凭借经验和意识仍然多次建功,尤其是在对阵捷克队和西班牙队的两场生死战中两次打进含金量很高的制胜入球,居功至伟。

韩日世界杯是德约卡夫的最后一届大赛,34 岁的"大蛇"竞技状态已经有所下降。中场核心齐达内因伤缺席头两场小组赛,卫冕冠军三场小组一场未胜零进球遗憾地从小组出局。大赛过后,德约卡夫结束了国脚生涯。

德约卡夫的俱乐部生涯同样辉煌,1993/1994 赛季,他随摩纳哥拿下法甲冠军并荣膺最佳射手。他拿过两次欧洲奖杯,第一次是 1996 年率领巴黎圣日耳曼夺得优胜者杯冠军,这也是法国俱乐部里唯一一座优胜者杯,随后他又在 1998 年帮助国际米兰捧得联盟杯冠军。

2006 年 10 月底,在为美国大联盟纽约红牛队效力了两个赛季后,德约卡夫宣布退役。此后,德约卡夫和他的家人一起居住在纽约。

1993—2002 年代表法国国家队出场 82 次、进球 28 粒
参加世界杯:1998 年、2002 年 / 世界杯数据:出场 9 次、进球 1 粒
● 尤里·德约卡夫 /Youri Djorkaeff ● 出生日期:1968 年 3 月 9 日 ● 出生地:里昂 ● 身高:1.78 米 ● 位置:中场
● 主要效力俱乐部:摩纳哥 / 国际米兰 / 凯撒斯劳滕 ● 国家队荣耀:1 届世界杯冠军 /1 届欧洲杯冠军 /1 届联合会杯冠军
● 俱乐部荣耀:1 届法国杯冠军 /1 届法国超级杯冠军 /1 届欧洲联盟杯冠军 /1 届欧洲优胜者杯冠军 ● 个人荣耀:1 届法甲最佳射手奖 /1 届国际米兰年度最佳球员奖

高卢战纪 法国传

岩石 / 德塞利

Marcel Desailly

德塞利出生于加纳首都阿克拉,母亲的决定改变了他的人生轨迹——她改嫁给一个法国外交官。德塞利因此在4岁时移居到法国的南特,在一个陌生的环境中度过了童年和少年时期。

1993年,25岁的德塞利首次入选国家队,代表法国队参加世界杯预选赛。冲击1994年世界杯决赛圈失利后,国家队的老一辈如坎通纳、吉诺拉等淡出。年轻一代球员,像德塞利、齐达内、德约卡夫、佩蒂特和颇具领导能力的德尚以及其他后起之秀,开始走上舞台。

巅峰时期的德塞利是法国队防线上一道不可逾越的"大闸",他身材高大,力量与速度俱佳,卡位意识极其出色。同时也许是曾经踢过中场的缘故,他的传球和组织能力也非常出色。

1998年世界杯,法国队整届赛事只有两粒失球。德塞利是后防线上的定海神针,他与球风优雅的布兰科搭档,让法国队的后防几乎一直都密不透风。德塞利身体强壮,善于拼抢,与全面的布兰科相互协防,滴水不漏。正是德塞利的"岩石"属性解放了善于组织和进攻的布兰科,也从而诞生了布兰科绝杀巴拉圭的"金球"。

1/4决赛,德塞利用意大利人的方式盯防意大利人,令维埃里十分恼火又无可奈何。决赛对阵罗纳尔多领衔的"桑巴军团",由于布兰科红牌停赛,德塞利的搭档换成了勒伯夫。这一变化多少让德塞利有些不适应,他在第68分钟因为战术犯规吃到了第2张黄牌被罚出场。剩下的时间里,德塞利只能待在更衣室,因为担心巴西队借机反击而备受煎熬。不过,佩蒂特打进了第3粒进球,为法国队锁定了这场历史性的胜利,德塞利也无可争议地入选了当届世界杯最佳阵容。

2000年欧洲杯,德塞利是"高卢军团"防线上坚不可摧的钢铁战士,"黄金一代"如愿以偿地站上了最高领奖台,"岩石"依旧是最佳阵容里的一员。

这是法国足球历史上最辉煌的一段时期,而德塞利在这期间一直是法国队中至关重要的一员。当他饶有兴趣地回忆起那段荣光:"1998年到2001年,我们是全世界最好的球队,就像后来的西班牙队。其他球队都比不上我们。我们赢得了2000年欧洲杯,击败西班牙队、意大利队、捷克队和葡萄牙队。那是一段不可思议的经历。"

德尚退出国家队之后,德塞利成为法国队新任队长。不过,在随后的两届大赛中,"高卢雄鸡"均战绩不佳。2004年欧洲杯后,36岁的德塞利宣布退出国家队。

无论是国家队还是俱乐部,德塞利的足球生涯都堪称完美。他是世界足坛为数不多的大满贯传奇:世界杯冠军、欧洲杯冠军、联合会杯冠军、欧冠冠军、意甲联赛冠军。

1993—2004年代表法国国家队出场116次、进球3粒
参加世界杯:1998年、2002年 / 世界杯数据:出场10次、进球0粒
● 马塞尔·德塞利/Marcel Desailly ● 出生日期:1968年9月7日 ● 出生地:阿克拉 ● 身高:1.85米 ● 位置:中后卫
● 主要效力俱乐部:南特/AC米兰/切尔西 ● 国家队荣耀:1届世界杯冠军/1届欧洲杯冠军/2届联合会杯冠军
● 俱乐部荣耀:2届意甲联赛冠军/1届意大利超级杯冠军/1届英超联赛冠军/1届足总杯冠军/1届社区盾杯冠军/2届欧冠联赛冠军/2届欧洲超级杯冠军 ● 个人荣耀:1届金足奖

高卢战纪 法国传

高卢雄鹰 / 帕潘

Jean-Pierre Papin

帕潘是继普拉蒂尼之后法国的另一个世界级的球星，他身体素质好，爆发力强，活动范围大，抢点意识好，射门精准，尤其擅长在高速跑动中凌空射门得分，属于那种只要进入对方半场就能产生威胁的现代前锋。

可惜的是，在帕潘球技巅峰的那段时间，正是法国足球整体低迷的时期。23岁的帕潘随队参加了1986年世界杯。在那届世界杯上，帕潘打入两球，帮助法国队打进4强。此后，帕潘再也没有站上世界杯的舞台。

1991年是属于帕潘的一年。在欧洲杯预选赛上，他作为队长带领着法国队8战全胜，并以9球高居射手榜第2位。然而，当1992年欧洲杯打响时，"高卢雄鸡"却像换了一支球队，在和丹麦队的最后一场比赛上，帕潘的倒钩终于灵验了，但是没有扭转败局，法国队被淘汰了。

而在俱乐部层面上，帕潘也命运多舛。无论是在米兰还是拜仁，长期的替补席已经磨光了帕潘的灵性。此时的法国足球已经从低谷中走了出来，齐达内、德尚、德约卡夫等一大批新星冉冉升起，然而漂流海外多年，伤病缠身的帕潘却再也来不及等待他们成长了。

1998年底，在法国足球历史性地夺取世界杯冠军后，帕潘选择了退役。历史是公正的，人们并没有忘记帕潘为法国足球所做的贡献。1998年12月，法国电视台为了表彰帕潘为法国足球所做的贡献，向他颁发了体育特别成就奖。

1986—1995 年代表法国国家队出场 54 次、进球 30 粒
参加世界杯：1986 年 / 世界杯数据：出场 4 次、进球 2 粒
● 让－皮埃尔·帕潘 /Jean-Pierre Papin ● 出生日期：1963 年 11 月 5 日 ● 出生地：滨海布洛涅 ● 身高：1.76 米
● 位置：前锋 ● 主要效力俱乐部：马赛 / 米兰 / 波尔多 ● 国家队荣耀：1 届世界杯季军 ● 俱乐部荣耀：4 届法甲联赛冠军 / 1 届法国杯冠军 /2 届意甲联赛冠军 /2 届意大利超级杯冠军 /1 届欧冠联赛冠军 /1 届欧洲联盟杯冠军 ● 个人荣耀：1 届欧洲金球奖 /1 届世界年度最佳球员银奖 /5 届法甲联赛最佳射手奖 /4 届欧洲联盟杯最佳射手奖

中场舵手 / 德尚

Didier Deschamps

谁是法国国家队历史上最伟大的队长？也许从个人魅力层面而言，普拉蒂尼是更多球迷的选择。但如果以随队赢得的冠军头衔衡量，则没有人能超过德尚——1998 世界杯冠军和 2000 欧洲杯冠军队队长。2016 年，法国权威足球媒体《队报》发起了一个谁是法国足球上最伟大的队长评选，在数万张投票中，德尚以高达 72% 的得票率排名第一。

1989 年，年仅 20 岁的德尚首次入选国家队，4 月 29 日，在法国队以 0 比 0 战平南斯拉夫队的比赛中德尚首次代表法国队出战。就像所有那个时期的法国国脚一样郁闷地经历了 1990 和 1994 两次世界杯预选赛的失利，以及 1992 欧洲杯小组赛的败绩。雅凯上任后，弃用"国王"坎通纳，并将队长袖标交给了德尚，而他的表现果然不负主帅所托。

1998 世界杯，大牌球星云集的法国队正是在队长德尚的感召之下团结为一个强大整体。最终，30 岁的德尚作为队长率领"高卢军团"成功问鼎世界杯。

虽然 1998 年法国队锋线的表现让人担忧，但他们在决赛中却以 3 比 0 痛斩上届冠军巴西队，令人大跌眼镜。法国队的成功之处在于拥有一条德尚领衔筑起的道坚固屏障，德尚是攻防的枢纽。

2000 年欧洲杯夺冠是法

国队一次新的征服之旅，32岁的德尚的身体状态已经不再巅峰，这位队长果断做出了欧洲杯后即退出国家队的决定，所以带着最后之战的信念，德尚带领法国队连克劲敌，一举实现了世界杯和欧洲杯双冠的梦想。

除了在国家队的辉煌之外，德尚的俱乐部生涯同样有着令人难以企及的辉煌纪录，1999年夏天，他从尤文图斯来到切尔西，很快就征服英格兰足坛。此外他是马赛夺得冠军杯时的队长，在尤文图斯效力的3个赛季中，德尚帮助"斑马军团"2次夺冠。他所效力的马赛、尤文图斯、瓦伦西亚和切尔西等队都在各自所在的联赛中战绩彪炳，20世纪90年代末德尚一度是参加欧冠联赛(冠军杯)场次最多的球员，并在1996年随尤文捧杯。退役后德尚在教练席上迅速"进入状态"，率领摩纳哥在2004年赢得欧洲冠军联赛亚军。

2012年欧洲杯后，德尚取代布兰科成为法国主帅，带领"高卢雄鸡"打入2014年世界杯8强并获得2016年欧洲杯亚军。2018年的俄罗斯世界杯，他的目标自然是成为继扎加洛和贝肯鲍尔之后第3位先后以球员和主帅身份拿到过世界杯的人。

1989—2000年代表法国国家队出场103次、进球4粒
参加世界杯：1998年 / 世界杯数据：出场6次、进球0粒
● 迪迪埃·德尚/Didier Deschamps ● 出生日期：1968年10月15日 ● 出生地：巴约讷 ● 身高：1.69米 ● 位置：后腰
● 主要效力俱乐部：南特 / 马赛 / 尤文图斯 / 切尔西 ● 国家队荣耀：1届世界杯冠军 /1届欧洲杯冠军 ● 俱乐部荣耀：3届意甲联赛冠军 /1届意大利杯冠军 /2届意大利超级杯冠军 /2届法甲联赛冠军 /1届足总杯冠军 /2届欧冠联赛冠军 /1届欧洲超级杯冠军 /1届国际托托杯冠军 /1届洲际杯冠军 ● 个人荣耀：1届法国年度最佳球员奖

高卢战纪 法国传

光头守护神 / 巴特斯

Fabien Barthez

巴特斯是 20 世纪末法国足球王朝的守护神,他在 1998 年世界杯上的发挥近乎完美,在整个杯赛上仅失 2 球,其中还有一粒是点球。在 1/4 决赛对意大利队的点球大战中,巴特斯扑出阿尔贝蒂尼的点球,帮助球队晋级 4 强。决赛对巴西队的比赛巴特斯状态极佳,力保大门不失,赛后他获得世界杯"雅辛奖"。

2000 年欧洲杯,巴特斯的表现可谓神奇,尤其在决赛对阵意大利队 0 比 1 落后的情况下,巴特斯先是挡出皮耶罗的第二个单刀球射门,然后又在第 93 分钟用一次精准的后场长传帮助维尔托德扳平比分,堪称奇迹的策划者之一。

2002 年世界杯和 2004 年欧洲杯虽然法国战绩不佳,但是巴特斯在这两届大赛的表现并不逊色,尤其是 2004 欧洲杯首战英格兰的下半场扑出了贝克汉姆的点球,为法国队保住了最后逆转的希望。

2006 年世界杯是巴特斯最后的演出,35 岁的他在全部 7 场比赛上仅失 3 球。但也必须承认,这届大赛巴特斯的表现水准是有所下降的,在一些场次出现以往没有过的失误,比如对阵韩国队时的手抛球失误;半决赛对阵葡萄牙队一次滑稽的扑球,虽然这些失误都没有形成失球,但巴特斯的国家队生涯最终以 1 次世界杯亚军荣誉宣告结束。

1994—2006 年代表法国国家队出场 87 次、进球 0 粒
参加世界杯:1994 年、1998 年、2006 年 / 世界杯数据:出场 17 次、进球 0 粒
●法比安·巴特斯 /Fabien Barthez ●出生日期:1971 年 6 月 28 日 ●出生地:拉韦拉内 ●身高:1.83 米 ●位置:门将
●主要效力俱乐部:马赛 / 摩纳哥 / 曼联 ●国家队荣耀:1 届世界杯冠军 /1 届欧洲杯冠军 /1 届联合会杯冠军
●俱乐部荣耀:2 届英超联赛冠军 /2 届法甲联赛冠军 /1 届法国超级杯冠军 /1 届欧冠联赛冠军
●个人荣耀:1 届世界杯最佳门将 /1 届法甲年度最佳门将

法国历史三十大巨星　　　　　　　　　　FRANCE NATIONAL FOOTBALL TEAM

辫帅 / 佩蒂特

Emmanuel Petit

佩蒂特是1998年法国队夺得世界冠军的重要成员，一尾金色的发辫是其独特标志。他并不是技术型中场，而是工兵型后腰，他与德尚组成的双后腰是对手不可逾越的障碍。虽然没有华丽的技术，但是凶悍的拼搏让他成为当时顶尖的防守型后腰，每场比赛都能看到他满场飞奔追堵。佩蒂特不仅防守能力出众，而且还有一脚精准的长传，在由守转攻时发挥重要作用。

1990年，年仅20岁的佩蒂特首次入选法国国家队。"高卢军团"在1993年世界杯预选赛上遭遇史上最惨痛翻船，佩蒂特不幸被部分媒体列为这次失利的替罪羊之一，在此后长达4年的时间里未获国家队重用。直到温格将他带到阿森纳，他的职业生涯开始进入黄金阶段，佩蒂的优异表现帮助阿森纳队在1997/1998赛季拿下英超和足总杯双冠王。

这个时候雅凯也开始重新审视这位在阿森纳脱胎换骨的攻防全才，这位昔日弃将终于重返国家队。1998世界杯雅凯选择佩蒂特作为主力，安排在德尚的左侧担任防守型中场出战。而佩蒂特不负众望，在整个世界杯期间发挥极为出色，有2粒进球入账。先是在对阵丹麦队的劲射破门，然后在同巴西队的决赛上一传一射立下大功。

2002年韩日世界杯后，在无法得到法国队新任主教练桑蒂尼青睐的情况下，佩蒂特选择退出了国家队。

1990—2003年代表法国国家队出场63次、进球6粒
参加世界杯：1998年、2002年 / 世界杯数据：出场8次、进球2粒
●埃曼努埃尔·佩蒂特/Emmanuel Petit ●出生日期：1970年9月22日 ●出生地：迪耶普 ●身高：1.85米 ●位置：中场 ●主要效力俱乐部：摩纳哥/阿森纳/切尔西 ●国家队荣耀：1届世界杯冠军/1届联合会杯冠军 ●俱乐部荣耀：1届法甲联赛冠军/1届法国杯冠军/1届英超联赛冠军/1届足总杯冠军/2届社区盾杯冠军

高卢战纪 法国传

左翼精灵 / 利扎拉祖

Bixente Lizarazu

利扎拉祖身高不高,但他却是世界顶尖的左后卫之一。他充沛的体力和闪电般的速度经常成为球队制胜的法宝。他防守意识出色,善于抢断,具有很好的位置感,另外他还具有出色的个人突破技术,经常边线突破,以精确的传中球威胁对方球门。

利扎拉祖是世界足坛屈指可数的大满贯球员,代表国家队赢得世界杯、欧洲杯,在拜仁慕尼黑,赢得3次德甲冠军,1次德国杯,1次欧洲冠军杯和1次丰田杯。

任何一个球队的教练在和利扎拉祖所在的球队交手时,都会说同样的一句话:"小心对方左后卫的那个法国小个子,他很危险!"但每每比赛后也都是同样的一句话:"我们已经尽力了,但对方左边的那个小个子太厉害了,我们拿他一点办法都没有。"

1996年欧洲杯,法国队首战罗马尼亚队,雅凯在比赛第68分钟派上利扎拉祖,他和布兰克、德塞利、图拉姆这4人组成了史上最佳防线,从1996年到2000年4年间,只要是这4个人联袂的比赛120分钟内法国未尝一败。

利扎拉祖在左路的另一个优势是和齐达内的默契配合,两人都出道于法甲波尔多队。效力法国队12年间,利扎拉祖始终是一位不知疲倦的蓝军战士,直到以35岁高龄踢完2004年欧洲杯才退出国家队。

1992—2004年代表法国国家队出场97次、进球2粒
参加世界杯:1998年、2002年 / 世界杯数据:出场9次、进球1粒
●比森特·利扎拉祖/Bixente Lizarazu ●出生日期:1969年12月9日 ●出生地:圣·简德卢兹 ●身高:1.69米
●位置:左后卫 ●主要效力俱乐部:波尔多 / 拜仁慕尼黑 ●国家队荣耀:1届世界杯冠军 / 1届欧洲杯冠军 / 2届联合会杯冠军 ●俱乐部荣耀:5届德甲联赛冠军 / 5届德国杯冠军 / 4届德国联赛杯冠军 / 1届欧冠联赛冠军 / 1届欧洲联盟杯冠军 / 1届洲际杯冠军

法国历史三十大巨星　　　　　　　FRANCE NATIONAL FOOTBALL TEAM

后防基石 / 图拉姆
Lilian Thuram

图拉姆是足球运动员中少有的先天近视，比赛时他戴隐形眼镜，平时架一副黑框眼镜，一副文质彬彬的样子，被队友们称为"哲人"。不过，球场上的图拉姆确实是名副其实的"黑又硬"，他良好的防守意识和极佳的身体素质使得在法国队几乎没人可以撼动他的位置。

在14年国家队比赛生涯中，图拉姆只有2个进球，但那2个进球被球迷铭记至今。1998年法国世界杯半决赛，法国队迎来当时风头正劲的"大黑马"克罗地亚队。下半场一次防守中，图拉姆因失误给对方的头号前锋苏克创造了机会，法国队以0比1落后。

几分钟后，图拉姆突袭对方禁区，射门将比分扳平。比赛接近尾声时，图拉姆再次在前场突破，射门得分。他戴罪立功，把法国队第一次送进世界杯决赛。打进反超1球后，图拉姆双膝跪地，接受队友们的祝贺。

2004年欧锦赛后，图拉姆退出国家队，但在2006年世界杯赛前，法国队在世界杯预选赛上出线告急，在多梅内克的再三邀请下以及在齐达内重返国家队后，图拉姆迫于压力最终改变他的决定。在与老友齐达内一起征战的最后一届世界杯上，图拉姆率领法国队杀进决赛，可惜最后惜败意大利队，留下了不完美的谢幕。

1994—2008年代表法国国家队出场142次、进球2粒
参加世界杯：1998年、2002年、2006年 / 世界杯数据：出场16次、进球2粒
● 利利安·图拉姆/Lilian Thuram ● 出生日期：1972年1月1日 ● 出生地：瓜德罗普 ● 身高：1.85米 ● 位置：右后卫
● 主要效力俱乐部：摩纳哥 / 帕尔马 / 尤文图斯 ● 国家队荣耀：1届世界杯冠军 /1届欧洲杯冠军 /1届联合会杯冠军
● 俱乐部荣耀：2届意甲联赛冠军 /1届意大利杯冠军 /3届意大利超级杯冠军 /1届西班牙超级杯冠军 /1届法国杯冠军 /
1届欧洲联盟杯冠军 ● 个人荣耀：1届法国年度最佳球员奖 /1届世界杯铜球奖

后防统帅 / 布兰科
Laurent Blanc

1989 年，24 岁的布兰科首次入选国家队，与帕潘和坎通纳成为队友。但法国队接连无缘 1990 年、1994 年两届世界杯，布兰科也未能受到重用。雅凯上任之后布兰科重新找回自信，他以绝对主力出战 1996 年欧洲杯。1998 年世界杯，布兰科已经成为法国队的后防领袖，他在每场比赛前亲吻巴特斯光头的画面成为经典。

作为法国"98 黄金一代"钢铁防线的重要成员，布兰科不仅拥有超强的防守能力，而且还有强大的进球能力。1998 年世界杯 1/8 决赛对阵巴拉圭队，久攻不下的法国队形势一度非常危急，直到第 117 分钟布兰科后排插上，接应皮雷的传中和特雷泽盖的头球摆渡抽射破门，法国队涉险闯过此关。而这粒进球也成为世界杯历史上的第一粒金球。遗憾的是，布兰科在半决赛吃到红牌，错过与巴西队的决赛。

2000 年，35 岁高龄的布兰科征战欧洲杯，仍然表现十分出色。首战丹麦队，布兰科从中路与队友连作两次撞墙配合之后形成杀机，打进这届杯赛法国队的第一个进球。布兰科还入选这届欧洲杯的最佳阵容，顺利捧杯之后，布兰克与队长德尚一起宣布退出国家队。

作为一名后卫，布兰科一共为法国队出场 97 次，打进了 16 个进球，堪称最能进球的后卫。同时，由于领袖气质超群，布兰科又为自己赢得了"总统"的绰号。

1989—2000 年代表法国国家队出场 97 次、进球 16 粒
参加世界杯：1998 年 / 世界杯数据：出场 5 次、进球 1 粒
●劳伦特·布兰科/Laurent Blanc ●出生日期：1965 年 11 月 19 日●出生地：阿莱斯●身高：1.92 米●位置：中后卫
●主要效力俱乐部：蒙彼利埃 / 圣埃蒂安 / 马赛 / 国际米兰 / 曼联●国家队荣耀：1 届世界杯冠军 /1 届欧洲杯冠军 /1 届欧洲 U-21 锦标赛冠军●俱乐部荣耀：1 届法甲联赛冠军 /2 届法国杯冠军 /1 届英超联赛冠军 /1 届国王杯冠军 /1 届欧洲优胜者杯冠军●个人荣耀：1 届法国年度最佳球员奖 /1 届欧洲 U-21 锦标赛金球奖

21-30
France National Team
Super Star

笑面虎 / 马克莱莱

Claude Makélélé

马克莱莱树立了足坛最高水平后腰的标杆，拼抢凶狠、跑动积极，对于抢断有着超乎常人的理解与偏好，配合他精妙绝伦的选位能力，作为球队防线前的一道屏障，他成功地帮助队友扫除了无数次威胁。

1995 年，马克莱莱首次代表法国队出场。不幸的是，在法国队最辉煌的那几年，马克莱莱始终无法搭上"高卢雄鸡"的战车。1998 年世界杯，马克莱莱想要以图拉姆替补的身份主场征战，但是雅凯的回答却是我需要的是一名后腰，不是右后卫。为了进军法国国家队，他改换了自己六年的位置，但是 2000 年，阵容已经完全定型的法国人却早已找不到容纳马克莱莱的地方。当时的每一位球员几乎都生长在豪门，而对于所效力的俱乐部不过是塞尔塔的马克莱莱来说，他的竞争力实在是太小了。

法国历史三十大巨星　　　　　　　　　FRANCE NATIONAL FOOTBALL TEAM

不过老天终究还是眷顾这个法国人的，2000年，皇马的邀请函让他实现了进军豪门的梦想。两年后，马克莱莱作为绝对主力跟随皇马夺得欧洲冠军杯冠军，终于成功地挤进法国队出征韩日世界杯大名单。他相信戴着两个冠军的光环，法国人还将继续自己的辉煌，不过老天却再一次戏弄了这个出生在金沙萨的法国人，那一年，法国队小组都没能出线。

2006年世界杯，齐达内率领法国队卷土重来。马克莱莱和维埃拉组成的双后腰遏制了西班牙、巴西等强队的进攻，法国队一路杀进决赛却最终饮恨点球大战，他的国脚生涯在无尽的遗憾中画上了句号。

1995—2008年代表法国国家队出场71次、进球0粒
参加世界杯：2002年、2006年 / 世界杯数据：出场8次、进球0粒
●克劳德·马克莱莱/Claude Makélélé ●出生日期：1973年2月18日 ●出生地：金沙萨 ●身高：1.70米 ●位置：后腰
●主要效力俱乐部：南特 / 皇家马德里 / 切尔西 ●国家队荣耀：1届世界杯亚军 ●俱乐部荣耀：2届西甲联赛冠军 /2届西班牙超级杯冠军 /2届英超联赛冠军 /2届联赛杯冠军 /1届足总杯冠军 /1届社区盾杯冠军 /1届法甲联赛冠军 /1届法国杯冠军 /1届欧冠联赛冠军 /1届欧洲超级杯冠军 /1届洲际杯冠军

齐祖 / 齐达内

Zinedine Zidane

在与大力神杯擦肩而过后彻底告别足球，齐达内的挂靴方式是如此的令人感伤，他本来可以成为继贝利、马拉多纳之后一代球王（这是普拉迪尼、罗纳尔多都无法企及的殊荣），但2006世界杯决赛的冲动为齐祖留下无尽的遗憾，如果……但世界上没有如果，齐达内虽然没有再次登顶世界之巅，但他留下优美和华丽的艺术足球，成为足坛最优雅的风景线……

对于齐达内的足球生涯，仅仅用传奇两个字，难以形容。球场上技艺非凡，球场下人品出众。齐达内在长达18年的职业球员生涯里，为当代球迷确立了一个真正优秀球员的标准。齐达内代表当今足球技术的最高水平，任何的现代足球技术都可以从他的身上得到体现，他拥有无与伦比的技术，他对足球的控制胜似闲庭信步，无论是在法国队还是俱乐部，他的控球能有效调节场上的节奏，使整支队伍有条不紊。

齐达内带球速度不是很快，但是在运球时对球的控制极佳，他身体的协调性与平衡性都相当出色。优美而富有韵律的"马赛回旋"成为齐达内的标志性动作，那翩翩起舞的潇洒身姿在一代球迷心中荡起阵阵涟漪，成为永恒的经典。

在带球过程中，齐达内有着良好的大局观和开阔的视野，就像指挥若定的元帅一样掌控比赛，能及时观察队友的跑位和场上的局势，在瞬间做出最佳的选择，这位中场指挥官经常能送出精准无比的直塞球。

齐达内在法国队的表现堪称惊艳，他率领"高卢军团"斩获1届世界杯冠军、1届欧洲杯冠军以及1届世界杯亚军，他让浪漫的法兰西有了王者的气韵，以一己之力将法国队带到世界的最巅峰。

1994年8月，在对阵波尔多队的友谊赛上，齐达内开启了国脚生涯的首秀。当时法国队0比2落后于捷克队，主帅雅凯下半场派上小将齐达内，后者不负众望，连过两人后的左脚世界波打入第一球，终场前2分钟他又大力头槌破门，"梅开二度"扳平比分。

1998年世界杯在法国举行，齐达内在对阵沙特队的小组赛中踩踏对手，成为首个在世界杯决赛圈阶段染红的法国球员。然而此后他又自我救赎，用王者归来的方式出现在对巴西队的决赛中，齐达内用两次接应角球的头槌得分——这是他自称的"弱项"，

最终法国队在 3 比 0 取胜后,首次捧起大力神杯。

决赛中的"梅开二度"成就了齐达内在国家队的至高地位,赞誉之声铺天席地而来,这一年他囊括金球奖和 FIFA 年度最佳球员,加冕双料足球先生。

两年后的 2000 年欧洲杯,齐达内依然延续着王者统治,1/4 决赛对阵西班牙队以任意球破门,半决赛对阵葡萄牙队的绝杀进球。最终凭借在决赛中 2 比 1 击败意大利,率领法国队又一次站上了荣誉之巅,齐达内也获誉欧洲杯最佳球员,并再次加冕世界足球先生。

然而"大热必死",2002 年韩日世界杯,作为卫冕冠军的"高卢雄鸡"小组赛即惨遭淘汰,创造了卫冕冠军在世界杯上的最差战绩。随后的 2004 年欧洲杯上,同样是卫冕冠军的法国队被最终的"黑马"冠军希腊淘汰。

接踵而来的失败让齐达内心灰意冷,但他依然身披法兰西战袍为国效忠。2006 年世界杯预选赛中,他与德塞利、图拉姆和利扎拉祖等老战友并肩复出。不过齐达内也宣布,

法国历史三十大巨星　　　　　　　　FRANCE NATIONAL FOOTBALL TEAM

在 2006 年德国世界杯后他将彻底宣布退役，结束整个职业生涯。

　　齐达内的终极之旅在小组赛有些蹒跚，而到淘汰赛阶段变成了无法阻挡。法国队先后淘汰西班牙队、巴西队和葡萄牙队三大豪强，与意大利队会师决赛。世界杯决赛无疑是最佳的谢幕舞台，如能再次捧杯，齐达内恢宏的职业生涯无疑将画上一个完美的句号，而他也将正式封神，成为继贝利、马拉多纳之后第三位众望所归的"球王"。

　　决赛开场 7 分钟，齐达内就对布冯罚入勺子点球，这记神来之笔似乎预示着王者登顶时刻的到来。然而马特拉奇头球破门为意大利队扳平比分。随后的加时赛中面对无休止的肆意挑衅，齐达内终于控制不住自己火爆的脾气，头顶马特拉奇，领到红牌提前退场。齐达内与大力神杯擦肩而过的落寞背影成为那届世界杯最经典的瞬间。没有齐达内的法国队群龙无首，意大利队在点球大战胜出，捧得大力神杯。齐达内的世界杯告别之旅，留下了无尽的遗憾。

　　在与大力神杯擦肩而过后，年仅 34 岁的他也彻底告别了球场，齐达内的挂靴方式是如此决绝、令人感伤……

　　虽然齐达内没有再次登顶世界杯之巅，但退役后 10 年的他却开启了一段辉煌的执教生涯。2016 年 1 月 5 日，齐达内正式成为皇家马德里新主帅。在随后的两年里，齐达内率领皇马所向披靡，打出 40 场不败的辉煌纪录，并 3 夺欧冠冠军，成为欧冠历史（改制以来）首位三连冠的主帅。

1994—2006 年代表法国国家队出场 108 次、进球 31 粒
参加世界杯：1998 年、2002 年、2006 年 / **世界杯数据**：**出场 12 次、进球 5 粒**
● 齐内丁·齐达内 /Zinedine Zidane ● 出生日期：1972 年 6 月 23 日 ● 出生地：马赛 ● 身高：1.85 米 ● 位置：前腰
● 主要效力俱乐部：波尔多 / 尤文图斯 / 皇家马德里 ● 国家队荣耀：1 届世界杯冠军 /1 届欧洲杯冠军 ● 俱乐部荣耀：1 届西甲联赛冠军 /2 届西班牙超级杯冠军 /2 届意甲联赛冠军 /1 届意大利超级杯冠军 /1 届欧冠联赛冠军 /1 届欧洲联盟杯冠军 /2 届欧洲超级杯冠军 /2 届洲际杯冠军 ● 个人荣耀：3 届世界足球先生奖 /1 届欧洲金球奖 /1 届法甲年度最佳球员奖 /2 届法国年度最佳球员奖 /2 届意甲最佳外籍球员奖 /1 届世界年度最佳球员奖 /1 届欧洲俱乐部最佳中场奖

高卢战纪 法国传

枪王之王 / 亨利

Thierry Henry

亨利是这个世界上最好的前锋之一，在球场上，他几乎无所不能，他拥有快速的步伐，灵敏的盘带以及丰富的创造性。他以惊人的进球效率而威震四海。亨利是天生的"枪神"，他的迅捷和优雅无与伦比。他的所有动作都散发出巨星的风范和神性的光辉。

作为世界足坛顶尖的技术型前锋，亨利拥有无与伦比的优雅技艺和高效率，他那令人难以置信的速度和爆发力令他跑起来像一辆飞驰的坦克，任何后卫都难以抵挡他反复地加速变向和内切斩入。

他是"兵工厂"阿森纳火力最凶猛的枪手，他在海布里球场参加了369场比赛，攻入226球，他是不折不扣的"海布里之王"。拥有无与伦比的优雅技艺和高效率，不管是在法国国家队，还是在俱乐部，亨利都有非凡的表现。

1997年，在帮助法国U-19队拿下欧青赛冠军之后，20岁的亨利敲开成年国家队的大门。同年10月11日，亨利在对阵南非队的友谊赛中完成国家队首秀。一年后的法国世界杯，雅凯出人意料地带上当时还名不见经传的亨利，甚至让这位只为国家队出场过3次的小鬼在第一场小组赛中打首发。首战又是面对南非队，亨利在第90分钟穿裆突破对手后赶在门将出击之前轻巧地搓射破门，打进世界杯处子球。第二场对阵沙特队，亨利更是上演"梅开二度"。他以3个进球荣获球队的最佳射手并跟随球队获得世界杯的冠军。

2000年欧洲杯，亨利再次以3球成为法国队首席射手。不到25岁，亨利完成了世界杯欧洲杯连庄，这是多少足球运动员梦寐以求却终生未实现的心愿。

2002年世界杯，亨利已经成为

世界级前锋，但是卫冕冠军法国队居然在小组赛 3 场赛事一球未进一场未赢，小组赛后就黯然出局。2004 年的欧洲杯，法国队在 1/4 决赛爆冷不敌希腊队，亨利在这届比赛中打入 2 球。2006 年的世界杯，法国队在不被看好的情况下杀入最后的决赛，亨利在对阵巴西队的淘汰赛中那一脚定江山的入球令人铭记。

2010 年南非世界杯预选赛附加赛，依靠亨利的"上帝之手"助攻队友破门将法国队送进世界杯。然而此届世界杯赛上法国队遭遇了万劫不复的内讧门事件，而亨利也廉颇老矣，未能拯救球队于水火，在小组赛后就黯然出局。2010 年的 7 月 15 日，亨利正式宣布退出国家队，结束了 13 年的国家队生涯，"枪王之王"为"高卢雄鸡"出场 123 次，打入 51 个进球。

1997—2010 年代表法国国家队出场 123 次、进球 51 粒
参加世界杯：1998 年、2002 年、2006 年、2010 年 / 世界杯数据：出场 17 次、进球 6 粒
●蒂埃里·亨利/Thierry Henry ●出生日期：1977 年 8 月 17 日 ●出生地：于利斯 ●身高：1.88 米 ●位置：前锋
●主要效力俱乐部：摩纳哥/阿森纳/巴塞罗那 ●国家队荣耀：1 届世界杯冠军/1 届欧洲杯冠军/1 届联合会杯冠军 ●俱乐部荣耀：2 届英超联赛冠军/2 届足总杯冠军/2 届社区盾杯冠军/2 届西甲联赛冠军/1 届国王杯冠军/1 届西班牙超级杯冠军/1 届法甲联赛冠军/1 届欧冠联赛冠军/1 届欧洲超级杯冠军/1 届世俱杯冠军 ●个人荣耀：3 届英格兰足球先生奖/4 届英超金靴奖/2 届欧洲金靴奖/5 届法国年度最佳球员奖/1 届联合会杯金球奖/1 届联合会杯金靴奖

中场铁闸 / 维埃拉

Patrick Vieira

维埃拉曾被认为是地球上最出色的后腰，身体素质极佳，超强的对抗能力，兼具柔韧性和不错的脚下技术，他能将力量和灵巧完美地结合在一起，这使得他在任何球队中都是不可或缺的一员。他就像整支球队的舵手，控制着全队的攻防，有他在队内，球员们不会迷失。

1997年2月，维埃拉在与荷兰队的友谊赛中上演了国家队处子秀。1998年世界杯，22岁的维埃拉迎来第一次世界大赛。决赛中，维埃拉在德塞利被罚下场之后上场踢了20分钟。那届杯赛上，维埃拉出场2次，1次首发，1次替补，共104分钟，奉献1次助攻。

2000年欧洲杯，维埃拉被确立了法国队国家队核心球员的地位，在齐达内退出国家队后，成为法国队长，在齐达内重返国家队后，他毫不迟疑地让出法国队队长职务。2006年世界杯，维埃拉与齐达内、亨利等黄金一代成员绽放出最后华彩，只可惜与第2座大力神杯失之交臂。

2010年年初，由于在意甲国际米兰队无法获得首发位置，维埃拉选择加盟英超曼城队，他的目标就是参加南非世界杯。然而尽管维埃拉在英超找回状态，但这并没有打动法国队主帅多梅内克，最终还是落选。在经历了落选的风波之后，维埃拉做出了退出国家队的决定。12年时间里他共为法国队参加107场国际比赛，打进6球。2011年夏天，维埃拉正式宣布退役，结束了自己传奇的足球生涯。

1997—2009年代表法国国家队出场107次、进球6粒
参加世界杯：1998年、2002年、2006年/世界杯数据：出场12次、进球2粒
●帕特里克·维埃拉/Patrick Vieira ●出生日期：1976年6月23日 ●出生地：达喀尔 ●身高：1.93米 ●位置：后腰
●主要效力俱乐部：阿森纳/尤文图斯/国际米兰 ●国家队荣耀：1届世界杯冠军/1届欧洲杯冠军/1届联合会杯冠军
●俱乐部荣耀：3届英超联赛冠军/4届足总杯冠军/3届社区盾杯冠军/4届意甲联赛冠军/1届意大利超级杯冠军/2届法甲联赛冠军/1届法国超级杯冠军 ●个人荣耀：1届法国年度最佳球员奖/1届英超最佳球员奖

法 国 历 史 三 十 大 巨 星　　　　　　　　FRANCE NATIONAL FOOTBALL TEAM

大力神 / 特雷泽盖

David Trézéguet

作为亨利的黄金搭档，特雷泽盖同样是那个时代最伟大的前锋之一。他是足坛站桩式中锋的代表人物，和托尼、范尼、德罗巴比，他更接近古典型中锋，虽然盘带技术、速度不是他的强项，但在射门技术、门前选位、前场无球扯动、身体素质各方面依然是世界顶级。作为一名高前锋，特雷泽盖在门前捕捉战机的感觉极佳，是一名不可多得的将才。身高1.9米的特雷泽盖高而不笨，在足球场上，他时而展现出巴蒂斯图塔般的力量，时而又表现出罗马里奥般的敏锐，是球队中最具威胁的得分点。

特雷泽盖的国家队生涯始于"高卢雄鸡"辉煌的1998年，他的出现为"高卢雄鸡"注入了新鲜血液。1998年世界杯上，特雷泽盖在法国队以4比0大胜沙特队的比赛中攻入一球，法国队一路杀入决赛并捧走大力神杯。

之后在2000年欧洲杯决赛加时赛里，特雷泽盖接皮雷传球，一记精彩的凌空抽射，打进制胜金球，帮助球队2比1战胜意大利队，加冕欧洲杯冠军。

然而辉煌过后是黯淡，法国队在2002年韩日世界杯小组赛即遭淘汰，虽然拥有联赛三大金靴（特雷泽盖——意甲金靴、亨利——英超金靴、西塞——法甲金靴），但法国队在那届大赛中颗粒无收，让人大跌眼镜。2004年欧洲杯又在1/4决赛被"黑马"希腊队淘汰。特雷泽盖只是在法国队与克罗地亚队2比2的平局中，收获了当届杯赛的唯一入球。

2006年世界杯决赛，再次面对意大利队。6年前的英雄成了失意人，特雷泽盖是双方球员中唯一将点球射失的，他的皮球击中了横梁。最终法国队不敌意大利队屈居亚军。

自从多梅内克接手法国队后，特雷泽盖就被打入冷宫，在落选2008年欧洲杯法国队大名单后，特雷泽盖最终做出了退出国家队的决定，他的国家队生涯以完美开始，遗憾结束，留下71场34球的高效纪录。

1998—2008年代表法国国家队出场71次、进球34粒
参加世界杯：1998年、2002年、2006年 / 世界杯数据：出场12次、进球1粒
●大卫·特雷泽盖/David Trézéguet ●出生日期：1977年10月15日 ●出生地：鲁昂 ●身高：1.90米 ●位置：前锋
●主要效力俱乐部：摩纳哥 / 尤文图斯 ●国家队荣誉：1届世界杯冠军 / 1届欧洲杯冠军 ●俱乐部荣耀：2届意甲联赛冠军 / 1届意大利杯冠军 / 2届意大利超级杯冠军 / 2届法甲联赛冠军 / 1届法国超级杯冠军 ●个人荣誉：1届意甲年度最佳外援奖 / 1届意甲足球先生奖 / 1届意甲最佳射手奖 / 1届U-20世青赛金靴奖 / 1届金足奖

球坛浪子 / 阿内尔卡

Nicolas Anelka

作为世界足坛最具才华的天才球星之一，外形酷似科比的阿内尔卡速度奇快，射门感觉敏锐，平衡能力极强，双脚均衡能左右开弓，脚法精湛的他本有机会成为一代传奇巨星，但桀骜不驯的性格又制约着他登顶巅峰。

1998年4月22日，19岁阿内尔卡被雅凯招入国家队，在法国队0比0战平瑞典队的友谊赛上，阿内尔卡第一次代表法国队出场。遗憾的是，一个月后，雅凯公布了1998年世界杯大名单，阿内尔卡不幸成为6位失意的国脚之一。

1999年2月10日，在法国队与英格兰队的友谊赛上，阿内尔卡"梅开二度"，表现极为抢眼。值得一提的是，这是法国队有史以来第一次客场击败英格兰队，"法国罗纳尔多"的称号从此落在了阿内尔卡头上。

时间来到2000年，阿内尔卡一度在法国国家队中找到了自己的位置，帮助"高卢雄鸡"赢得了2000年欧洲杯冠军及2001年联合会杯冠军。由于在俱乐部的漂泊不定和性格执拗以及和主教练桑蒂尼的矛盾，让他缺席了2002年世界杯、2004年欧洲杯以及2006年世界杯。

2006年11月，阿内尔卡重返国家队，并在和立陶宛队的欧洲杯预选赛中攻入唯一进球，后来还在对阵乌克兰队的比赛中破门，这令他逐渐赢回了在法国队的地位。在2008年欧洲杯和2010年世界杯预选赛上，阿内尔卡一度成为法国队主力前锋。

2010年南非世界杯期间，阿内尔卡在与墨西哥队的比赛中对着主帅多梅内克破口大骂，随即被换下。没过多久，法国足协宣布将他除名，阿内尔卡则宣布永远退出法国国家队，他的国家队生涯也停留在69场14球。

1998—2010年代表法国国家队出场69次、进球14粒
参加世界杯：2010年 / 世界杯数据：出场2次、进球0粒
●古拉·阿内尔卡/Nicolas Anelka ●出生日期：1979年3月14日 ●出生地：凡尔赛 ●身高：1.85米 ●位置：前锋
●主要效力俱乐部：巴黎圣日耳曼/阿森纳/曼城/切尔西 ●国家队荣耀：1届欧洲杯冠军/1届联合会杯冠军/1届欧洲U-18锦标赛冠军 ●俱乐部荣耀：2届英超联赛冠军/3届足总杯冠军/2届社区盾杯冠军/1届欧冠联赛冠军/3届德甲联赛冠军/1届欧洲联盟杯冠军 ●个人荣耀：1届英格兰年度最佳年轻球员奖/1届英超联赛金靴奖

法国历史三十大巨星　　　　　　　　FRANCE NATIONAL FOOTBALL TEAM

左翼魔术师 / 皮雷
Robert Pirès

皮雷是1998年法国世界杯及2000年欧洲杯冠军的主力成员，因伤缺席了2002年韩日世界杯。皮雷曾代表法国队出席1996年亚特兰大奥运会及2004年欧洲杯，但2004年年末与法国队主教练多梅内克发生意见分歧，国脚生涯自此中断。

皮雷球风优雅，一头飘逸的长发和迷人的笑容征服了全世界球迷。在场上迈着小八字步奔跑的他，凭借敏锐的洞察力、出色的盘带技术都让人着迷。皮雷总是用他充满想象的方式，羞辱着对方的边后卫。

皮雷是连夺世界杯欧洲杯那支法国队的一员，两届大赛各制造一个金球，堪称是一个神奇的替补。1998年世界杯1/8决赛，他的传中被特雷泽盖头球点下，助攻布兰科抽射破门打进世界杯史上第一个金球。2000年欧洲杯决赛，大家都记得特雷泽盖在决赛加时打进的黄金进球，打破了世界杯球队无法马上拿欧洲杯的魔咒，而特雷泽盖的这粒进球，正是来自左路皮雷的助攻。

2001/2002赛季，皮雷的状态如日中天，他帮助阿森纳夺得了双冠王荣誉，但就在2002年3月底阿森纳与纽卡斯尔的足总杯1/4决赛里，皮雷却在一次躲避对手铲球后扭伤了膝部，经确诊为膝部十字韧带撕裂，就此告别了那年的韩日世界杯。

皮雷在法国国家队真正唱主角的是两届联合会杯夺冠。特别是2001年，中前场二线阵容出战的法国队仍是兵不血刃，皮雷个人包揽了金球和金靴（并列）两个奖项。2004年欧洲杯成为皮雷国家队的绝唱。那年年末，皮雷与法国队主教练多梅内克发生冲突，他的国家队生涯也画上了句号，他一共代表法国队出场79次，贡献14个进球。

1996—2004年代表法国国家队出场79次、进球14粒
参加世界杯：1998年 / 世界杯数据：出场3次、进球0粒
●罗伯特·皮雷/Robert Pirès ●出生日期：1973年10月29日 ●出生地：兰斯 ●身高：1.88米 ●位置：左边锋
●主要效力俱乐部：马赛／阿森纳／比利亚雷阿尔 ●国家队荣誉：1届世界杯冠军/1届欧洲杯冠军/2届联合会杯冠军
●俱乐部荣誉：2届英超联赛冠军/2届足总杯冠军/1届欧冠联赛亚军/1届法国联赛杯冠军 ●个人荣誉：1届法甲最佳新秀奖 /1届英格兰足球先生奖 /1次英超联赛月最佳奖 /1届联合会杯金球奖 /1届联合会杯金靴奖

全能铁卫 / 加拉

William Gallas

加拉是一名全能型后卫,他可以踢后防线上的所有位置,从中后卫、右后卫到左后卫都可以胜任。他个子不高但是意志坚定,防守预判意识好,擅长盯人和贴身逼抢。

加拉与亨利、特雷泽盖是同一批法国青年队成员,但后两者早早成名,接连捧起世界杯和欧洲杯,加拉似乎被法国队遗忘了。1999/2000赛季冠军联赛小组赛,马赛队依靠加拉的唯一进球击败曼联,这是他留给英格兰球迷的第一印象。一年之后,拉涅利慧眼识珠,用620万英镑将加拉带到伦敦。2002年世界杯依然与加拉无缘,但凭借在英超赛场日渐成熟的表现,急需更新后防线的法国队终于在当年10月想起了他。

2004年10月12日,在欧洲杯预选赛法国队以5比0大胜斯洛文尼亚队的比赛中,加拉上演法国国家队处子秀。此后,加拉成为多梅内克手下的主力后卫,跟随法国队获得了2003年联合会杯冠军。2006世界杯,加拉和图拉姆组成了主力中卫搭档,帮助法国队打进决赛。

加拉代表法国队打进的最关键入球是在2010年南非世界杯附加赛第二回合对阵爱尔兰队的比赛中,在接到亨利"手球"助攻后,加拉打入决定性入球,帮助球队晋级南非世界杯。不过,世界杯开赛前,多梅内克将队长袖标交给埃弗拉这件事一直让加拉耿耿于怀,后来他在球场内外的种种赌气表现也招来队友反感。世界杯后,加拉退出法国队,他代表法国国家队上阵84次,打进5球。

2014年10月,37岁的法国队老将加拉正式宣布退役。加拉整个职业生涯最为辉煌的时期都是在英超度过,在为切尔西队效力的5个赛季里,加拉代表球队出战各项赛事共224场,打进14个进球,帮助蓝军两夺英超冠军。2006年加拉转会到了阿森纳队,成为枪手队史最另类的10号球员,代表球队出战142场比赛打进16球。

2002—2010年代表法国国家队出场84次、进球5粒
参加世界杯:2006年、2010年 / 世界杯数据:出场10次、进球0粒
●威廉·加拉/William Gallas ●出生日期:1977年8月17日 ●出生地:阿涅勒 ●身高:1.81米 ●位置:中后卫、左后卫、右后卫 ●主要效力俱乐部:马赛/切尔西/阿森纳/热刺 ●国家队荣耀:1届联合会杯冠军/1届世界杯亚军 ●俱乐部荣耀:2届英超联赛冠军/1届联赛杯冠军/1届社区盾杯冠军

高卢战纪 法国传   法 国 列 传

刀疤侠 / 里贝里   Franck Ribéry

    里贝里脚法全面，能胜任多个位置，可以踢中场中路、影子前锋以及中场左右两翼。里贝里的速度较快，技术十分细腻，球感娴熟，具有很强的带球突破能力，擅长在左路带球内切进攻，无论在俱乐部还是国家队，他都有靠个人突击掀起进攻小高潮的能力。

    2006 年 5 月 26 日，在法国队 1 比 0 击败墨西哥队的比赛中，里贝里在第 74 分钟替换特雷泽盖出场，完成了法国国家队首秀。2006 年世界杯，里贝里被主帅多梅内克选入法国队，并被外界认为是齐达内的接班人。

    上演国家队处子秀整整 1 个月后，里贝里就在德国世界杯赛上取得处子进球，而且是在相当关键的一战中。世界杯 1/8 决赛法国队以 3 比 1 击败西班牙队，西班牙队在第 28 分钟先拔头筹。第 41 分钟，法国英雄里贝里横空出世，他和维埃拉打出精彩的传递配合，杀入禁区单刀面对卡西推射得手，在半场结束前扳平了比分。这个进球严重打击了西班牙人的士气，成为那场比赛的转折点。

    2010 年南非世界杯，里贝里和他的法国队卷土重来。他也送上了南非世界杯上的唯一一次助攻，但他的急躁情绪并未帮助法国队扭转战局。值得一提的是，里贝里和队

友还在南非世界杯上闹出了罢训丑闻。

2013 年,里贝里迈入巅峰。国家队比赛中,里贝里所在的法国队最重要的赛事就是世界杯预选赛,法国队尽管被西班牙队挤到附加赛,且附加赛首轮就以 0 比 2 不敌乌克兰队的不利局面下,最终还是 3 比 0 完成翻盘,顺利晋级世界杯。里贝里无疑是法国队晋级世界杯的大功臣,在他登场的 7 场世界杯预选赛比赛中,他完成 4 球 3 助攻。

2014 年 8 月 14 日,拜仁球星里贝里正式宣布自己将退出法国国家队,他的 8 年蓝衣生涯正式画上了句号。

在为法国队效力的 8 年时间里,里贝里代表法国队先后出战 2006 年和 2010 年 2 届世界杯、2008 年和 2012 年 2 届欧洲杯,"法国飞翼"品尝过闯入世界杯决赛的美妙,也体会过兵败南非的苦涩,他在"后齐达内时代"扛起了法国队重新崛起的重任。

2014 年巴西世界杯,里贝里由于背伤遗憾错过了比赛,他在 31 岁的巅峰之年毅然决然地宣布退出国家队,出场纪录定格在 81 场 16 球。

2006—2014 年至今代表法国国家队出场 81 次、进 16 粒
参加世界杯:2006 年、2010 年 / 世界杯数据:出场 10 次、进球 1 粒
●弗兰克·里贝里 /Franck Ribéry ●出生日期:1983 年 4 月 7 日 ●出生地:布洛涅 ●身高:1.70 米 ●位置:左边锋
●主要效力俱乐部:马赛 / 拜仁慕尼黑 ●国家队荣耀:1 届世界杯亚军 ●俱乐部荣耀:8 届德甲联赛冠军 /5 届德国杯冠军 /4 届德国超级杯冠军 /1 届德国联赛杯冠军 /1 届土耳其杯冠军 /1 届欧冠联赛冠军 /1 届欧洲超级杯冠军 /1 届世俱杯冠军 /1 届国际托托杯冠军 ●个人荣耀:1 届欧洲最佳球员奖 /1 届法甲年度最佳球员奖 /3 届法国年度最佳球员奖 /1 届德国足球先生奖 /1 届德甲年度最佳球员奖 /2 届德甲最佳助攻王

高卢战纪 法国传

火枪手 / 本泽马

Karim Benzema

作为曾经享负盛名的"四小天鹅"之一，出道时的本泽马几乎就是才华横溢的代名词。出色的脚下盘带技术以及鬼魅的射门，当一个状态正佳的本泽马出现在对方禁区之内，就是对方后卫一个难以接受的噩梦。

毫无争议的是，本泽马是过去10年最出色的法国球员之一。在俱乐部方面他的造诣尤为突出，本泽马已经效力皇马9个赛季，410次出场打入191球，在皇马历史射手榜上排名第7位。随皇马赢得2次西甲冠军、2次国王杯冠军、3次欧冠冠军、3次欧洲超级杯冠军和3次世俱杯冠军。而在法国国家队，本泽马81次出场打入27球，在法国队历史射手榜上排名第9位。

早在2006年，年仅19岁的本泽马就入选法国队的大名单，不过突如其来的伤病推迟了他的国家队首演。2007年3月28日，本泽马终于迎来国家队处子秀，在法国队以1比0击败澳大利亚队的比赛中，他打进全场唯一进球。

在南非世界杯之后，随着年龄的增长和阅历的丰富，本泽马越发显得成熟。2014年世界杯，在里贝里伤退之后，本泽马成为"高卢军团"的带头大哥。首战面对洪都拉斯队，本泽马世界杯首秀便独中两元，帮助球队3球大胜对手。次战法国队又以5比2大胜瑞士队，本泽马打进1球送出2次助攻。尽管法国队最终不敌德国队止步8强，但本泽马还是凭借个人的出色表现入选世界杯最佳阵容。

然而，2015年10月，本泽马在4比0大胜格鲁吉亚队的比赛上"梅开二度"，但就在这次国家队比赛日期间，由于涉嫌参与用不雅视频勒索国家队队友瓦尔布埃纳，法国队将皇马前锋踢出球队。2018年俄罗斯世界杯，"高卢雄鸡"锋线上人才济济，本泽马很难再穿上法国队战袍。一代皇马锋霸以这种方式告别世界杯，令人无限唏嘘。

2007年至今代表法国国家队出场81次、进球27粒
参加世界杯：2014年 / 世界杯数据：出场5次、进球3粒
● 卡里姆・本泽马/Karim Benzema ● 出生日期：1987年12月19日 ● 出生地：里昂 ● 身高：1.85米 ● 位置：前锋
● 主要效力俱乐部：里昂 / 皇家马德里 ● 国家队荣耀：1届欧洲U-17锦标赛冠军 ● 俱乐部荣耀：2届西甲联赛冠军 /2届国王杯冠军 /2届西班牙超级杯冠军 /4届法甲联赛冠军 /1届法国杯冠军 /2届法国超级杯冠军 /4届欧冠联赛冠军 /3届欧洲超级杯 /3届世俱杯冠军 ● 个人荣耀：1届法甲最佳球员奖 /1届法甲年度最佳球员奖 /3届法国年度最佳球员奖 /1届法甲金靴奖 /1届布拉沃奖

世界杯豪门王朝系列

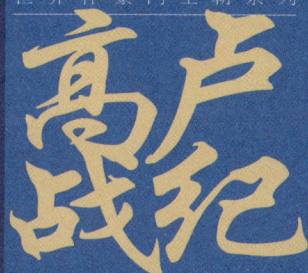

高卢战纪
法国别传
FRANCE NATIONAL FOOTBALL TEAM
1904　　2018
世界杯十大瞬间

1 世纪犯规

1982年世界杯半决赛，联邦德国队对阵法国队。法国球员巴蒂斯通后插上接普拉蒂尼的传球形成单刀机会，对方门将舒马赫出击，在不可能获得皮球的情况下用双拳乃至整个身体猛击巴蒂斯通，后者在这次对抗中遭遇重伤，休克中被抬出场外救治。而舒马赫居然连一张黄牌也都没被判罚。

2 遗憾也是一种美

1986年世界杯1/4决赛，两个最大夺冠热门狭路相逢，"高卢雄鸡"贵为新科欧洲冠军，而"桑巴军团"从来都是世界足坛的最强之一，普拉蒂尼、苏格拉底、济科，这些名字汇聚在一起，足以震慑人心。双方在120分钟时间里一直保持1比1平局。在点球大战中，巴西球员苏格拉底罚失点球，法国队只要再罚进一球就将淘汰对手，因此普拉蒂尼在踢这粒点球之前亲吻了皮球，希望可以带来好运。然而，欧洲足球先生用假动作骗过了门将，却鬼使神差地将球踢向看台。好在随后巴西队出场的塞萨尔点球射偏，费尔南德斯罚中点球，最终将强大的"桑巴军团"点杀出局。

多年之后，当记者问起普拉蒂尼是否后悔在如此重要的时刻亲吻足球，"法国传奇"毫不犹豫地回答道："足球就是我的全部，我不会因为亲吻了皮球而感到遗憾。"

● 1986年6月21日，普拉蒂尼在与巴西队的点球大战前亲吻足球，不料却将点球罚丢。好在法国队点球大战4比3获胜，以总比分5比4淘汰巴西队晋级4强

3 冲动的惩罚

1998年世界杯小组赛第二轮，法国队迎战亚洲球队沙特队，在已经2比0领先的情况下，齐达内却犯下一个愚蠢错误，面对对方后卫阿明的纠缠，齐达内在对方已经倒地的情况下极不冷静地补上了一脚，当值主裁就在不远处注视着他的举动，一张红牌不可避免。齐达内沉默着，转过身，一言不发地走了下去。这张红牌让齐达内付出了停赛2场的代价，也使得1/8决赛法国队险象环生，虽然"高卢军团"一直围着巴拉圭队的球门狂轰滥炸，但奇拉维特的神勇却将比赛导入了加时赛。如果不是布兰科最后时刻的金球制胜，也许齐达内将会成为罪人。

● 1998年6月18日，世界杯小组赛第二场，法国队以4比0大胜沙特阿拉伯队，但齐达内因不冷静而踢了对方球员，吃到世界杯上的第一张红牌，也因此被停赛2场。

4 幸运之吻

1998年世界杯，法国队颇为迷信，球员们在大巴上都坐在固定的位置上，进入更衣室之后，他们会听凯莱-盖诺的"浴火重生"这首歌曲。然而，法国队最著名的迷信，也是这届世界杯最经典的镜头当属布兰科在赛前亲吻门将巴特斯的光头了。

法兰西之夏，让我们记住了巴特斯这个门将，光头成了巴特斯的标志，似乎也成了好运的象征。那届世界杯，法国队每场比赛前有固定仪式：布兰科都要狠狠地亲吻一下巴特斯的光头，祈求好运降临。两人用一种近乎迷信般的"亲吻"秀，带领着"高卢雄鸡"一步步走上世界之巅——在6场比赛中巴特斯只丢2球，并在点球对决中帮助球队淘汰意大利队，决赛中力保球门不失。事实上，在布兰科坚持这一举动的日子里，法国队连续赢得世界杯和欧锦赛的冠军。

● 1998年世界杯，布兰科亲吻光头巴特斯的一幕成为世界杯乃至世界足球史上最经典的镜头。

5 自古英雄出少年

1998年7月3日，法国世界杯1/4决赛，东道主法国队和意大利队在120分钟内战平，双方进入残酷的点球大战。队友罚点球时青涩的亨利躲在特雷泽盖身后，用球衣遮住自己的眼睛不敢看残酷的命运决斗。

那年亨利只有21岁，这是他第一次参加世界杯赛，他的眼神中充满了孩童般的天真和胆怯。但站到点球点时他毫不含糊，把球打进了帕柳卡身后的大门，助法国队淘汰意大利队晋级半决赛。

6 一战封神

1998年7月12日，法兰西大球场，面对实力强大的巴西队，尽管对方阵中拥有当时世界上最出色的前锋罗纳尔多，但是这场决赛，却成就了齐达内，他用梦幻般的表现统治了那场世界杯决赛：第27分钟，齐达内接到佩蒂特的角球抢在莱昂纳多之前头槌打破僵局。第46分钟，齐达内接到德约卡夫开出的角球后再次头球得分。齐达内用自己并不擅长的头球为法国队"梅开二度"，同时也为球队最终3比0取胜奠定了坚实的基础。

沉稳的齐祖肆意地宣泄着，结束红牌停赛的"艺术大师"用最简单的，也是让人料想不到的两记头槌奠定胜局，齐达内也就此奠定了他的巨星地位，他的名字足以和方丹、科帕、普拉蒂尼一起交相辉映。

● 1998年7月13日，齐达内在世界杯决赛中靠着自己不擅长的头球完成了"梅开二度"的好戏，帮助"高卢雄鸡"以3比0大胜"桑巴军团"

7 金牌教头

从 1994 年春天坐上法国队帅位开始,雅凯决心打造一支完全不同的法国队。他顶住压力不用容易制造更衣室矛盾的坎通纳和吉诺拉,他围绕着德尚、齐达内、德约卡夫等新人为班底,组建了一支崭新的法国队。经历了 1996 年欧洲杯晋级半决赛的成功,法国队收获了自信,最终在 1998 年本土举行的世界杯上力挫群雄夺取冠军。

长期以来与法国媒体对抗的雅凯,也终于证明了自己选择的正确性。雅凯体现了法国教练的意志力和斗志,尽管身边都是批评他的媒体,但他依然坚持己见,毫不动摇,冠军奖杯是对他最好的回报,他也在夺冠后急流勇退,只留下了那本伟大的自传:《一生只为那颗星》。

● 1998 年 7 月 13 日,雅凯带领"高卢军团"披荆斩棘,最终举起了象征着世界足坛最高荣誉的大力神杯。

8 **悲情谢幕**

2006年世界杯赛上，法国队在齐达内的带领下一路杀进决赛。在与意大利队1比1战平的焦灼场面时，齐达内因头脑不冷静，用头顶翻了对方后卫马特拉齐，被红牌罚下。和1998年小贝的那一脚相比，齐达内这一头的代价更大，他顶丢了法国人的世界杯，也彻底顶完了自己的职业生涯。只是不知道在和大力神杯擦肩而过的瞬间，他的内心作何感想？

● 2006年7月10日，德国世界杯决赛在柏林奥林匹克球场举行，齐达内在加时赛中用头撞击马特拉齐被红牌罚下，法国队通过点球大战负于意大利队，遗憾地与冠军奖杯失之交臂。

9 **南非世界杯"内讧门"**

2010年南非世界杯,法国队成为全世界的笑柄,围绕着阿内尔卡发生的内讧事件最终演变成了一出冗长的闹剧,在法国队全体队员以罢训的方式来表达对阿内尔卡的支持之后,这出闹剧终于达到了高潮。果然,在6月22日小组赛第三场,军心涣散的"高卢军团"以1比2不敌南非队,上届亚军小组赛就垫底回家。世界杯结束后,多梅内克下课,阿内尔卡被法国队除名。

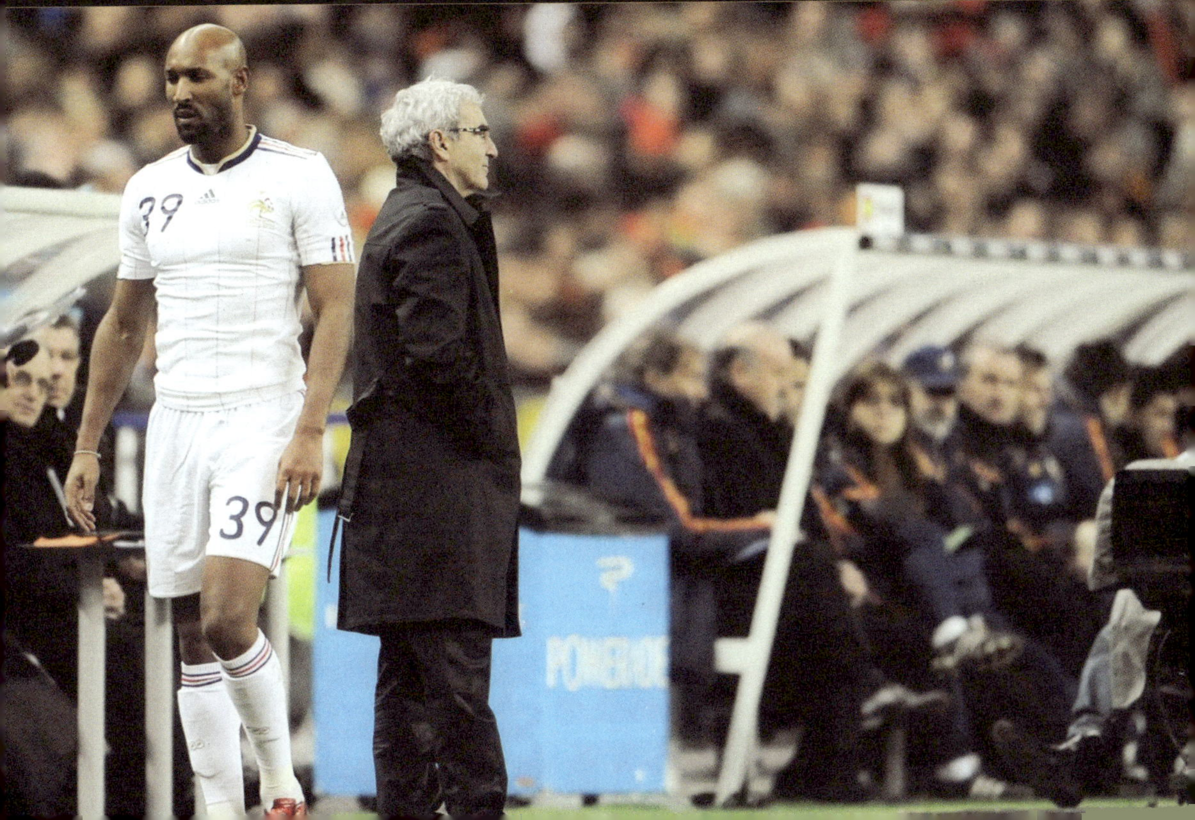

10 一马绝尘

2014年的巴西世界杯，27岁的本泽马成为法国队的男一号。小组赛两胜一平，首场对阵洪都拉斯他就"梅开二度"，险些上演"帽子戏法"。次轮法国VS瑞士，对手出现低级失误，本泽马捡漏攻入本届杯赛的第3粒进球，最终他的助攻与进球帮助法国队5比2大胜瑞士队提前出线。尽管之后法国队0比1不敌德国队而止步8强，但本泽马的表现可圈可点，赢得好评。

随着2018年世界杯法国队名单公布，本泽马无缘俄罗斯，"一代锋霸"诀别世界杯舞台，2014年的那3粒进球似乎是本泽马的世界杯绝唱。

世界杯豪门王朝系列

高卢战纪

法国别传
FRANCE NATIONAL
FOOTBALL TEAM

1904　　2018

法国世界杯阵容

法国2018年世界杯预选赛出线之路

时间	对阵球队	比分	场地
2016年9月6日	白俄罗斯	0比0	鲍里索夫竞技场
2016年10月7日	保加利亚	4比1	法兰西体育场
2016年10月10日	荷兰	1比0	阿姆斯特丹球场
2016年11月11日	瑞典	2比1	法兰西体育场
2017年3月25日	卢森堡	3比1	若西·巴特尔体育场
2017年6月9日	瑞典	1比2	友谊竞技场
2017年8月31日	荷兰	4比0	法兰西体育场
2017年9月3日	卢森堡	0比0	图卢兹市政球场
2017年10月7日	保加利亚	1比0	瓦西尔·列夫斯基体育场
2017年10月10日	白俄罗斯	2比1	法兰西体育场

法国2018年世界杯预选赛成绩榜

排名	球队	场次	胜	平	负	进球	失球	积分
1	法国	10	7	2	1	18	6	23
2	瑞典	10	6	1	3	26	9	19
3	荷兰	10	6	1	3	21	12	19
4	保加利亚	10	4	1	5	14	19	13
5	卢森堡	10	1	3	6	8	26	6
6	白俄罗斯	10	1	2	7	6	21	5

- 乌戈·洛里斯/Hugo Lloris
- 出生日期：1986年12月26日
- 出生地：尼斯　身高：1.88米
- 位置：门将　效力球队：热刺
- 国家队出场：96场

五虎将 洛里斯　HUGO LLORIS

GK 洛里斯并不是高大型门将，但他有着自己的特别之处，那就是反应和出击的速度。洛里斯的特点是爆发力好，出击速度快，通常对方球员单刀的时候面前就已经出现了神一样的洛里斯把球化解。自从2008年2月6日，洛里斯首次代表法国国家队出战以来，至今已有96次出场。如今作为球队队长，他很可能在世界杯赛场上完成百场纪录。作为世界级门将之一，洛里斯近几个赛季不论是热刺还是国家队都表现得非常稳健。一支球队能否在世界杯赛走得更远，与门将的表现密不可分。

- 拉斐尔·瓦拉内 /Raphael Varane
- 出生日期：1993年4月25日
- 出生地：里尔　身高：1.91米
- 位置：中后卫　效力球队：皇马
- 国家队出场：41场 / 进2球

RAPHAËL VARANE
五虎将 瓦拉内

DF 瓦拉内毫无疑问是世界上最著名的年轻球员，经常出现在天才雷达的榜单上。他在"世界杯上值得关注的25位年轻球员"中排名第13，同时入选了"世界杯最佳阵容"和"世界杯年轻球员最佳阵容"，还是天才雷达年轻球员的"最佳防守球员奖"得主。在2014年年初列出的"2014年100位值得关注的年轻球员"中，他在后卫里面排名第二。

- 恩戈洛·坎特 /N'Golo Kanté
- 出生日期：1991年3月29日
- 出生地：巴黎　身高：1.69米
- 位置：后腰　效力球队：切尔西
- 国家队出场：22场 / 进1球

N'GOLO KANTÉ
五虎将 坎特

MF 坎特逆天的防守扫荡，稳定的出球能力，让他获得了"新马克莱莱"的绰号。这位身高仅有1.69米的法国后腰，不仅在防守上毫无瑕疵，进攻实力也相当不俗。

他是"弗爵式"球员，他不能在29米处轰一脚惊天雷，不能创造助攻纪录，但他在球场上总让人印象深刻。他在场上无处不在的表现，诠释了天道酬勤的价值观。当年效力莱斯特城时，坎特是球队攻防的节拍器，造就了莱斯特城的夺冠神话。

2018年俄罗斯世界杯，格里兹曼的表现可圈可点。6月16日，在小组赛C组第一轮，法国队对阵澳大利亚队的比赛中，法国队命中一记点球，为法国队拔得头筹，值得一提的是，这也是本届世界杯VAR第一次做出了点球判罚。

- 安东尼·格里兹曼/Antoine Griezmann
- 出生日期：1991年3月21日
- 出生地：马孔 身高：1.75米
- 位置：前锋 效力球队：马德里竞技
- 国家队出场：51场/进19球

五虎将格里兹曼 ANTOINE GRIEZMANN

FW 与内马尔同为"90后"，唯一进入金球排名前3的球员，格里兹曼将是"梅罗"之后强有力的金球候选人。作为法国这支豪门的核心，同博格巴和姆巴佩等许多青年才俊为队友，他有足够的可能冲击大力神杯。4年前一起奋战的英杰们如今更加成熟，有了家门口失利的惨痛回忆，相信在俄罗斯他们会浴火重生。俱乐部层面，格里兹曼对马德里竞技的作用不能仅用简单的进球助攻体现，球场上的扯动与串联，机敏的杀手气质使他成为这支球队的主力。在科斯塔加盟后，这位法国人也渴望再现球队14年前的辉煌。同时法国"锋王"也给自己留下了后路，续约后的违约金并未提升，1亿的价格对于水涨船高的市场也合情合理，球迷们有理由期待格里兹曼未来在顶级豪门的杰出表演。

2018年俄罗斯世界杯,姆巴佩的表现非常抢眼。6月21日,在小组赛C组第二轮法国队对阵秘鲁队的比赛中,19岁零183天的他打进了个人世界杯首球,超越特雷泽盖(20岁零246天),成为法国队世界杯最年轻的进球者。凭借姆巴佩这一门前补射破门,法国队1比0小胜秘鲁队,以两战全胜的骄人战绩提前挺进16强。

- 基利安·姆巴佩/KylianMbappé
- 出生日期:1998年12月20日
- 出生地:巴黎 身高:1.78米
- 位置:前锋 效力球队:巴黎圣日耳曼
- 国家队出场:12场/进3球

五虎将姆巴佩 KYLIAN MBAPPÉ

FW 在姆巴佩身上,你看不出作为一个职业球员的压力,他是十足的乐天派。除了踢球,姆巴佩有许多爱好。他很注意在闲暇时换换脑子,而不是只埋头训练。当他在自己的生活中徜徉之时,比赛的压力自然烟消云散。"有时候没心没肺也是种大将风范,"斯诺尔这样评价,"我知道他总会有创造奇迹的那一天。"

其实足球运动就是那么简单,协调的双腿和一个聪明的头脑,搭配好了就能够站在金字塔的塔尖。我们总会目睹那些在巅峰时突然陨落的球员们,那些被金钱和荣誉冲昏头脑的所谓球星。你或许会想,姆巴佩才20岁,以他的年龄和现在的位置,他能承受吗?斯诺尔也被问到了这个问题,他回答说:"绝不会那样。"

攻防核心博格巴
PAUL POGBA

2018年俄罗斯世界杯小组赛首战,正是凭借博格巴的一记挑射造成对手的乌龙球破门,法国队才能以2比0战胜澳大利亚队。步幅步频都高人一等、在攻防两端屡有惊艳表现的博格巴逐渐成为法国队的核心领袖。每逢终场哨响后,博格巴总是与队友击掌、撞胸、激情四射,尽显领袖风采!

- 保罗·博格巴 /Paul Pogba
- 出生日期:1993年3月15日
- 出生地:拉尼叙尔马恩 ● 身高:1.91米
- 位置:中场 ● 效力球队:曼联
- 国家队出场:56场 / 进9球

世界杯豪门王朝系列

高卢战纪

法国别传
FRANCE NATIONAL FOOTBALL TEAM
1904　　　2018

历史荣耀&数据

■ 文 / 变迁の风

荣誉陈列室

世界杯
1次获得冠军

法国队只获得过1998年本土举办的世界杯冠军，"高卢雄鸡"虽是欧洲强队，但却五次缺席世界杯。其中在2006年，在不被看好的情形下，在点球大战中失利，获得了亚军。

欧洲杯
2次获得冠军

法国队在欧洲杯上的成绩好于世界杯，不仅两次登顶（1984、2000年），还获得过一次亚军（2016年）。尽管历史战绩斐然，但他们还是缺席了1964年到1980年连续五届的欧洲杯赛。

联合会杯
2次获得冠军

法国队虽然不是获得冠军次数最多的国家，却是首支卫冕联合会杯冠军的球队，分别是2001年和2003年两届。

奥运金牌
1次获得冠军

法国队在1984年获得了奥运男足的金牌，他们在决赛中以2比0击败强大的巴西队，使"桑巴军团"的奥运冠军梦再一次被击碎。早在遥远的1900年和1920年还分别获得过银牌和铜牌。

U-20 世界杯
1次获得冠军

1977年成立的赛事，也被称为"世青赛"。法国队共6次参赛，31场比赛取得了17胜、6平、8负的成绩，获得1次冠军（2013年）。

U-17 世界杯
1次获得冠军

1985年成立，也被称为"世少赛"。法国队共6次参赛，获得一次冠军（2001年）。在28场比赛中取得了16胜、6平、6负的成绩。

欧洲U-21锦标赛
1次获得冠军

1978年成立的赛事，法国队共21次参赛。虽然在191场比赛中取得113胜43平35负的骄人成绩，但只获得过一次冠军（1988年）。

欧洲U-19锦标赛
8次获得冠军

1948年成立的赛事，也被称为"欧洲青年足球锦标赛"。法国队共获得8次冠军（1949年、1983年、1996年、1997年、2000年、2005年、2010年、2016年），仅次于西班牙队的10次和英格兰队的9次，其中还获得3次亚军。

欧洲U-17锦标赛
2次获得冠军

1982年成立的赛事，法国队共11次参赛，在47场比赛中取得了19胜、15平、13负的成绩。共获得2次冠军（2004年和2015年），其中还获得4次亚军（1996年、2001年、2002年和2008年）。

土伦杯锦标赛
11次获得冠军

法国队在这项赛事中成绩优异，共10次登顶，是获得冠军次数最多的国家，不仅是首支成为三连冠的球队（1987年—1989年），更是首支完成四连冠创举的球队（2004年—2007年）。其中他们还获得了14次亚军。

法国国家队榜单

法国球员世界杯总出场榜

排名	姓名	位置	出场	参加世界杯
1	巴特斯	门将	17	3届
	亨利	前锋	17	4届
2	图拉姆	后卫	16	3届
3	博西斯	后卫	15	3届
4	普拉蒂尼	中场	14	3届
5	齐达内	前腰	12	3届
	吉雷瑟	中场	12	2届
	特雷泽盖	前锋	12	3届
	维埃拉	后腰	12	3届
	阿莫罗斯	后卫	12	2届
	蒂加纳	中场	12	2届
6	巴蒂斯通	后卫	11	3届
7	多米尼克·罗歇托	边锋	10	3届
	德塞利	后卫	10	2届
	里贝里	前锋	10	2届
	维尔托德	前锋	10	2届

法国球员世界杯射手榜

排名	姓名	位置	进球	出场	参加世界杯
1	方丹	前锋	13	6	1届
2	亨利	前锋	6	17	4届
3	普拉蒂尼	中场	5	14	3届
	齐达内	前腰	5	12	3届
4	雷蒙·科帕	中场	4	8	2届
	多米尼克·罗歇托	边锋	4	10	3届
5	让·尼古拉斯	前锋	3	3	1届
	皮托尼	前锋	3	5	1届
	伯纳德·根尼	中场	3	6	2届
	吉雷瑟	中场	3	12	2届
	本泽马	前锋	3	5	1届
6	马希诺	前锋	2	2	1届
	让·文森特	边锋	2	8	2届

法国世界杯总成绩榜

年份	主办国	最终成绩	场次	胜	平	负	进球	失球
1930	乌拉圭	小组赛	3	1	0	2	4	3
1934	意大利	第一轮	1	0	0	1	2	3
1938	法国	1/4决赛	2	1	0	1	4	4
1954	瑞士	小组赛	2	1	0	1	3	3
1958	瑞典	季军	6	4	0	2	22	15
1966	英格兰	小组赛	3	0	1	2	2	5
1978	阿根廷	小组赛	3	1	0	2	5	5
1982	西班牙	殿军	7	3	2	2	16	12
1986	墨西哥	季军	7	4	2	1	12	6
1998	法国	冠军	7	6	1	0	15	2
2002	韩国/日本	小组赛	3	0	1	2	0	3
2006	德国	亚军	7	4	3	0	9	3
2010	南非	小组赛	3	0	1	2	1	4
2014	巴西	1/4决赛	5	3	1	1	10	3

法国国家队球员总出场榜（前24名）

排名	姓名	位置	效力年份	总出场
1	图拉姆	后卫	1994—2008年	142
2	亨利	前锋	1997—2010年	123
3	德塞利	后卫	1993—2004年	116
4	齐达内	前腰	1994—2006年	108
5	维埃拉	后腰	1997—2009年	107
6	德尚	后腰	1989—2000年	103
7	布兰科	后卫	1989—2000年	97
8	利扎拉祖	后卫	1992—2004年	97
9	洛里斯	门将	2008年至今	96
10	维尔托德	前锋	1999—2006年	92
11	巴特兹	门将	1994—2006年	87
12	加拉	后卫	2002—2010年	84
13	德约卡夫	中场	1993—2002年	82
14	阿莫罗斯	后卫	1982—1992年	82
15	本泽马	前锋	2007年至今	81
16	里贝里	边锋	2006—2014年	81
17	埃夫拉	后卫	2004—2016年	81
18	马卢达	边锋	2004—2012年	80
19	皮雷	边锋	1996—2004年	79
20	博西斯	后卫	1976—1986年	76
21	普拉蒂尼	中场	1976—1987年	72
22	特雷泽盖	前锋	1998—2008年	71
23	马克莱莱	后腰	1995—2008年	71
24	吉鲁	前锋	2011年至今	69

法国国家队球员总射手榜（前25名）

排名	姓名	位置	总进球	进球率
1	亨利	前锋	51	0.41
2	普拉蒂尼	中场	41	0.57
3	特雷泽盖	前锋	34	0.48
4	齐达内	前腰	31	0.29
5	方丹	前锋	30	1.43
6	帕潘	前锋	30	0.56
7	吉鲁	前锋	29	0.42
8	德约卡夫	中场	28	0.34
9	本泽马	前锋	27	0.33
10	维尔托德	前锋	26	0.28
11	让·文森特	边锋	22	0.48
12	让·尼古拉斯	前锋	21	0.84
13	保罗·尼古拉斯	前锋	20	0.57
14	坎通纳	前腰	20	0.4
15	让·巴拉特	前锋	19	0.59
16	格里兹曼	前锋	19	0.39
17	罗杰·皮托尼	前锋	18	0.49
18	雷蒙·科帕	中场	18	0.4
19	里贝里	边锋	16	0.2
20	布兰科	后卫	16	0.16
21	欧仁·梅斯	前锋	15	1.36
22	埃尔韦·雷韦利	前锋	15	0.5
23	罗切托	边锋	15	0.31
24	阿内尔卡	前锋	14	0.2
25	皮雷	边锋	14	0.18

法国历届世界杯战绩

年份	阶段	对手	胜负	比分	法国进球球员
1930	小组赛第一场	墨西哥	胜	4比1	洛朗/朗格尔/马希诺（2球）
	小组赛第二场	阿根廷	负	0比1	
	小组赛第三场	智利	负	0比1	
1934	第一轮	奥地利	负	2比3	让·尼古拉斯/弗里斯特
1938	第一轮	比利时	胜	3比1	维南特/让·尼古拉斯（2球）
	1/4决赛	意大利	负	1比3	海瑟尔
1954	小组赛第一场	南斯拉夫	负	0比1	
	小组赛第二场	墨西哥	胜	3比2	让·文森特/卡德纳斯/科帕
1958	小组赛第一场	巴拉圭	胜	7比3	方丹（3球）/皮托尼/维斯涅夫斯基/科帕/让·文森特
	小组赛第二场	南斯拉夫	负	2比3	方丹（2球）
	小组赛第三场	苏格兰	胜	2比1	科帕/方丹
	1/4决赛	北爱尔兰	胜	4比0	维斯涅夫斯基/方丹（2球）/皮托尼
	半决赛	巴西	负	2比5	方丹/皮托尼
	三四名决赛	联邦德国	胜	6比3	方丹（4球）/科帕/多伊斯
1966	小组赛第一场	墨西哥	平	1比1	德豪塞尔
	小组赛第二场	乌拉圭	负	1比2	赫罗克·德·伯格宁
	小组赛第三场	英格兰	负	0比2	
1978	第一轮小组赛第一场	意大利	负	1比2	拉孔贝
	第一轮小组赛第二场	阿根廷	负	1比2	普拉蒂尼
	第一轮小组赛第三场	匈牙利	胜	3比1	洛佩兹/贝尔多尔/罗歇托
1982	第一轮小组赛第一场	英格兰	负	1比3	索勒
	第一轮小组赛第二场	科威特	胜	4比1	伯纳德·根尼/普拉蒂尼/西斯/博西斯
	第一轮小组赛第三场	捷克斯洛伐克	平	1比1	西斯
	第二轮小组赛第一场	奥地利	胜	1比0	根尼
	第二轮小组赛第二场	北爱尔兰	胜	4比1	吉雷瑟（2球）/罗歇托（2球）
	半决赛	联邦德国	平	3比3	普拉蒂尼/特雷索尔/吉雷瑟
	三四名决赛	波兰	负	2比3	吉拉德/库里奥
1986	小组赛第一场	加拿大	胜	1比0	帕潘
	小组赛第二场	苏联	平	1比1	路易斯·费尔南德斯
	小组赛第三场	匈牙利	胜	3比0	斯托皮拉/蒂加纳/罗歇托
	1/8决赛	意大利	胜	2比0	普拉蒂尼/斯托皮拉
	1/4决赛	巴西	平	1比1	普拉蒂尼
	半决赛	联邦德国	负	0比2	
	三四名决赛	比利时	胜	4比2	费雷/帕潘/伯纳德·根尼/阿莫罗斯
1998	小组赛第一场	南非	胜	3比0	杜加里/伊萨（乌龙）/亨利
	小组赛第二场	沙特阿拉伯	胜	4比0	亨利/特雷泽盖/利扎拉祖
	小组赛第三场	丹麦	胜	2比1	德约卡夫/佩蒂特
	1/8决赛	巴拉圭	胜	1比0	布兰科
	1/4决赛	意大利	平	0比0	
	半决赛	克罗地亚	胜	2比1	图拉姆（2球）
	决赛	巴西	胜	3比0	齐达内（2球）/佩蒂特
2002	小组赛第一场	塞内加尔	负	0比1	

法 国 荣 耀 数 据 库　　　　　　　　　　　FRANCE NATIONAL FOOTBALL TEAM

年份	阶段	对手	胜负	比分	法国进球球员
	小组赛第二场	乌拉圭	平	0比0	
	小组赛第三场	丹麦	负	0比2	
2006	小组赛第一场	瑞士	平	0比0	
	小组赛第二场	韩国	平	1比1	亨利
	小组赛第三场	多哥	胜	2比0	维埃拉/亨利
	1/8 决赛	西班牙	胜	3比1	里贝里/维埃拉/齐达内
	1/4 决赛	巴西	胜	1比0	亨利
	半决赛	葡萄牙	胜	1比0	齐达内
	决赛	意大利	平	1比1	齐达内
2010	小组赛第一场	乌拉圭	平	0比0	
	小组赛第二场	墨西哥	负	0比2	
	小组赛第三场	南非	负	1比2	马卢达
2014	小组赛第一场	洪都拉斯	胜	3比0	本泽马（2球）/巴利亚达雷斯（乌龙）
	小组赛第二场	瑞士	胜	5比2	吉鲁/马图伊迪/瓦尔布埃纳/本泽马/穆萨·西索科
	小组赛第三场	厄瓜多尔	平	0比0	
	1/8 决赛	尼日利亚	胜	2比0	博格巴/约博（乌龙）
	1/4 决赛	德国	负	0比1	

法国国家队历史纪录

世界杯纪录
- 单届杯赛进球最多的球队：23球（1958年）
- 世界杯出场次数最多的球员：巴特斯（17场）
- 世界杯零封对手次数最多的门将：巴特斯（10场）
- 参加世界杯次数最多的球员：亨利（四届）
- 世界杯进球最多的球员：方丹（13球）
- 单届杯赛进球最多的球员：方丹（13球）
- 世界杯单场进球最多的球员：方丹（4球）
- 单届杯赛进球数最多的球队：23球（1958年）
- 世界杯单届进球数最少的球队：0球（2002年）
- 世界杯最大比分胜利：7比3（1958年，对阵巴拉圭）
- 世界杯最大比分失利：2比5（1958年，对阵西）
- 分别在三届赛事中均有进球的球员：罗歇托/普拉蒂尼（1978年、1982年和1986年）

球队纪录
- 第一场国际比赛：1904年5月，在布鲁塞尔对阵比利时，3比3平）
- 历史最大比分胜利：10比0（1980年10月11日，对阵阿塞拜疆）
- 历史最大比分失利：17比1（1908年10月22日，对阵丹麦）
- 历史最大主场比分失利：15比0（1906年11月，对阵英格兰）
- 历史最多连胜场次：14场（2003年3月29日至2004年2月18日）
- 历史最多不败场次：30场（1994年2月16日至1996年10月9日）
- 历史最长连续不失球场次：11场（2003年6月29日至2004年6月6日，共1040分钟）
- 历史最长连续失利场次：12场（1908年3月23日至1911年3月23日）
- 历史最长连续不胜场次：15场（1908年3月23日到1911年4月30日）
- 连续出场最多的球员：维埃拉
- 上演"帽子戏法"最快的球员：查理·洛贝尔/11分钟（1967年12月，3比1战胜卢森堡）

球员纪录
- 国家队出场次数最多的球员：图拉姆（142场，1994年8月17日至2008年6月13日）
- 以队长身份出场次数最多的球员：洛里（66场，2010年11月17日至今）
- 国家队进球数最多的球员：亨利（51球，1997年10月11日至2010年6月22日）

世界杯强强对话数据
- 对阵意大利队：5场，1胜、2平、2负，进5球、失6球
- 对阵巴西队：4场，2胜、1平、1负，进7球、失6球
- 对阵德国队：4场，1胜、1平、2负，进9球、失9球
- 对阵乌拉圭队：3场，2平、1负，进1球、失2球
- 对阵阿根廷队：2场，2负，进1球、失3球
- 对阵英格兰队：2场，2负，进1球、失5球
- 对阵西班牙队：1场，1胜，进3球、失1球

法国历届国家队主教练榜

排名	姓名	执教年份	场次	胜	平	负	胜率	大赛战绩
1	加斯顿·巴罗	1919年至1945年	124	39	13	72	31%	——
2	加布里埃尔·哈诺特	1945年至1949年	21	10	2	9	48%	——
3	皮埃尔·皮巴勒特	1949年至1954年	34	14	8	12	24%	——
4	阿尔贝·巴德	1955年至1960年	47	23	12	12	50%	世界杯季军
5	亨利·吉伦	1960年至1964年	22	4	6	12	18%	——
6	何塞·阿里瓦斯&吉恩·斯内拉	1966年	4	2	0	2	50%	——
7	朱斯特·方丹	1967年	2	0	0	2	0%	——
8	路易斯·杜高古兹	1967年至1968年	9	3	2	4	33%	——
9	乔治·布洛涅	1969年至1973年	31	15	5	11	48%	——
10	斯蒂芬·科瓦奇	1973年至1975年	15	6	4	5	40%	——
11	米歇尔·伊达尔戈	1976年至1984年	75	41	16	18	55%	世界杯季军
12	亨利·米歇尔	1984年至1988年	36	16	12	8	44%	世界杯季军/欧锦赛冠军
13	米歇尔·普拉蒂尼	1988年至1992年	29	16	8	5	55%	——
14	杰拉德·霍利尔	1992年至1993年	12	7	1	4	58%	——
15	艾梅·雅凯	1994年至1998年	53	34	16	3	64%	世界杯冠军
16	罗杰·勒梅尔	1998年至2002年	53	34	11	8	64%	欧锦赛冠军/联合会杯冠军
17	雅克·桑蒂尼	2002年至2004年	28	22	4	2	79%	联合会杯冠军
18	雷蒙德·多梅内克	1998年至2000年	79	41	24	14	52%	世界杯亚军
19	洛朗·布兰科	2010年至2012年	27	16	7	4	59%	——
20	迪迪埃·德尚	2012年至今	70	44	12	14	63%	欧锦赛亚军

法国球员获奖榜

年份	姓名	位置	奖项
1956	科帕	中场	金球奖第三名
1957	科帕	中场	金球奖第三名
1958	科帕	中场	金球奖
1958	方丹	前锋	世界杯金靴奖/金球奖第三名
1959	科帕	中场	金球奖第二名
1960	赫特	前锋	欧洲杯最佳射手
1977	普拉蒂尼	中场	金球奖第三名
1980	普拉蒂尼	中场	金球奖第三名
1982	吉雷瑟	中场	金球奖第二名
1982	阿莫罗斯	后卫	世界杯最佳年轻球员奖
1983	普拉蒂尼	中场	金球奖
1984	普拉蒂尼	中场	金球奖
1984	蒂加纳	中场	金球奖第二名/欧洲杯最佳射手
1984	普拉蒂尼	中场	世界最佳球员
1985	普拉蒂尼	中场	金球奖/世界最佳球员
1991	帕潘	前锋	金球奖/世界足球先生第二名 世界最佳球员
1993	坎通纳	前腰	金球奖第三名
1997	齐达内	前腰	金球奖第三名/世界足球先生第三名
1998	齐达内	前腰	世界足球先生/金球奖 世界最佳球员
1998	巴特斯	门将	世界杯金手套奖
1998	图拉姆	后卫	世界杯铜球奖
2000	齐达内	前腰	世界足球先生/金球奖第二名 欧洲杯最佳球员
2001	皮雷	边锋	联合会杯金球奖&金靴奖
2002	齐达内	前腰	世界足球先生第三名
2003	齐达内	前腰	世界足球先生
2003	亨利	前锋	金球奖第二名/世界足球先生第二名/联合会杯金球奖 联合会杯金靴奖
2004	亨利	前锋	世界足球先生第二名/欧洲金靴奖
2005	亨利	前锋	欧洲金靴奖
2006	齐达内	前腰	世界杯金球奖/世界足球先生第二名
2008	本泽马	前锋	欧洲最佳新秀
2013	里贝里	边锋	欧洲最佳球员/金球奖第三名
2013	博格巴	中场	欧洲金童奖
2014	博格巴	中场	世界杯最佳新秀/欧洲最佳新秀
2015	马夏尔	前锋	欧洲金童奖
2016	格里兹曼	前锋	金球奖第三名/欧洲最佳球员第二名 欧洲杯最佳球员&最佳射手
2017	姆巴佩	前锋	欧洲金童奖

●普拉蒂尼是首位3次获得欧洲金球奖的法国球员

●帕潘是首位晋级世界足球先生前三的球员

●齐达内是首位三次获得世界足球先生的欧洲球员

●齐达内是首位同时获得世界足球先生和欧洲金球奖的法国球员

●里贝里是唯一一位获得欧洲最佳球员的法国人

●亨利是首位蝉联欧洲金靴奖的人，也是唯一一位获此殊荣的法国人。

●科帕是首位获得欧洲金球奖的法国人

●巴特斯是首位获得雅辛奖的法国球员

●博格巴是首位获得世界杯最佳年轻球员奖的法国人

●姆巴佩是近5年来，第3位获得欧洲金童奖的法国球员。他代表着法兰西未来的希望